天に携挙される
クリスチャン
になるには

イエス・キリストが
空中再臨する時に備えて

古山パウロ誉主吾 著

幻冬舎 MC

「天に携挙されるクリスチャン」になるには

～イエス・キリストが空中再臨する時に備えて～

聖句引用は、『新欽定訳聖書ＮＫＪＶ』を底本としています。

New King James Version®からの聖書。トーマス・ネルソンによる著作権©１９８２。

新約、並びに旧約聖書の聖句を［より原意に近づく霊的理解を求めて］、ＡＩ翻訳機能の補佐を得て、著者が忠実に解釈し、ゴシック体で表記しました。

以下すべての日本語聖句は、注釈込みの誉主吾訳です。

尚、より正確な霊的解釈の証明に必要な重要箇所のみ、原典英文を引用しました。

導入聖句　「第1テサロニケ人への手紙」

「Ⅰテサ」4：16　すなわち**主ご自身**が大声を上げて、御使いのかしらの声と**神**のラッパの響きのうちに、天から降ってこられます。そして、**キリスト**にあって死んだ人々がまず初めによみがえります。

4：17　それから、まだ〈地上に〉生き残っている私たちが、空中で**主**と会うために、〈よみがえった死人たちといっしょに〉**雲の中に引き上げられ**、こうして私たちは、いつでも〈永遠にわたって〉**主**とともにいるのです。

はじめに

前記は使徒パウロの言葉です。彼は新約聖書としてまとめられた27書簡のうち、約半数13（14ともいわれる）信仰書簡（教理解説）を書き残した人物です。

その彼が、ある時突然に「クリスチャンが主イエスの空中再臨で、天に引き上げられる」と教えています。

そしてさらに、その予兆として現れる現象が、旧約聖書の「ダニエル書」や「エゼキエル書」、また、新約聖書「ヨハネの黙示録」で、終末期の状況として示されていて、2022年8月現在、それらが世界情勢の変化（危機）として現れつつあります。

具体的には「ロシュ」「ゴグ」「マゴグ」と指定され、それが現在のロシアのことをいっているのだと判明します。

エゼキ39：1「人の子よ。ゴグに対して預言して言え。神である主はこう言われる。

『ロシュとメシェクとツバルの王子（首長）であるゴグよ。わたしはあなたに立ち向かう。
39：2 わたしはあなたを引き導いて転じさせ、**北の果て**（ロシア）から上らせて、イスラエルの山々に突き向かわせる』」（著者注：イスラエルの真北にモスクワが位置しています。南下侵攻の預言です）

ここで多くの日本語聖書が、固有名詞「**ロシュ**」を削除している為、日本人はこの聖書の預言の確実性を正しく理解できないでいます。
従って本書では、［失われた言葉を再現し証明するため］に、『新欽定訳聖書』から原文英語文節を、数カ所引用しました。

『新欽定訳聖書』「旧約・エゼキエル書」

Eze 39 : 1 “And you, son of man, prophesy against Gog, and say, ‘Thus says the Lord **God** : “Behold, I am against you, O Gog, the prince of Rosh, Meshech, and Tubal; **39 : 2** “and I will turn you around and lead you on, bringing you up from the far north, and bring you against the mountains of Israel.

この2節の文脈を読み解くと、イスラエルの真北にある「**ロシュ**とメシェクとツバルという国」の王子（首長）であるゴグが、イスラエルに向かって南下侵攻することが明らかにされています。

しかし現在広く使われている複数の日本語聖書では「**ロシュ**」が削除されていて、この2節が「ロシアを指している預言である」ことが明確になりません。なぜなら、それらはギリシャ語原典の言葉を「削除又は改変」したWH原本から翻訳されたものであり、さらに意訳と変更を重ねた結果、本来の霊的知識が得られないからです。

以下、本書では「引用書のタイトル」を、「3文字」に省略して、解説句の頭に表示します。例：「エゼキエル書」→「エゼキ」、「マタイの福音書」→「マタイ」

そして「患難期」と呼ばれる苦難の7年間とともに、イエス・キリストが「空中再臨する」ことが、預言として与えられているのですが、「患難期」と「空中再臨」の前後関係はどうなっているでしょうか？　著者は「空中再臨」が**先**だと捉えています。

「黙示録」3：10「あなた（がた）が『忍耐せよ』というわたしの命令を守ったので、わたしもまた、地に住む者を試すために全世界に臨む**試練のときから**、あなた（がた）を**守っておこう**。

なぜなら「患難期」には、クリスチャンが**信仰を貫くなら、その代償として餓死しなければならない世界**になっているからです。それは、経済構造（決済システム）が、偽キリストに支配されるので、サタン666に従属する証印を持たない人々は、（価格高騰する）食料や生活物資を売ることも買うこともできなくなるからです（「ヨハネの黙示録」13：16〜17節、参照）。

神様の愛の取り扱いでは、イエス・キリストの弟妹であるクリスチャンを「神を否定しなければ生き残れない世界」に居残させる筈はありません。だから著者は「空中再臨」が先であると信じます。

この患難期の中からも「信じて救われる人々」が起こされるのは、預言されているので間違いないですが、本書のテーマは、**【生き残れない状況になる前】**に、「**天に引き上げられる**」のが、神様の愛（霊の取り扱い）であることを証明することです。

そしてこのような究極の大試練の前に「天に引き上げられる」には、クリスチャンが自分の信仰の根拠として、**「神様との霊の関係性の構築」**を完成していなければなりません。

「ヘブル人への手紙」6章1～2節では、わたしたちクリスチャンが**キリストについての初歩の教えにいつまでも留まらず、信仰の完全**〈完成〉を目ざして**成長すること**を求めています（著者は、「ヘブル人への手紙」もパウロが書いた書簡であると解釈しています）。

ここでパウロがクリスチャンに勧めている「霊的初歩を卒業して、神の子としての自主的霊性を獲得すること」が「**自己認識の跳躍**」であり、「天に引き上げられること」の**必須要件**です。

この霊的跳躍こそ「神様との関係性の確保」であり、「天に引き上げられること」の絶対的保証になるのです。

それは日頃からキリスト信仰として教えられる「十字架による罪の赦し」が、初歩の教えであると理解し、さらに「神の子とされる意義」を**霊的な知識として納得し、「義」**に成長しなければならないことです。

従って本書は、「天に引き上げられる」ための必須要件として、クリスチャンが持つべき霊的知識を、キリスト教の基礎から学び直して、**「自己認識の跳躍」**の手段をお知らせします。

遠回りをするように感じられるでしょうが、まず基礎知識として、クリスチャンの「霊的立場の認識」から学んでください。ユダヤ教から発生したキリスト教の、霊性の土台（神様の意志）をしっかり理解していないと、目的とする「神様との関係性構築」達成が困難だからです。

それは**イエス・キリストとの「血の契約」による霊の関係性**であり、その事実（互いに生命を担保にした信頼関係）が、あなたの信仰の**絶対的な根拠**になるのです。この奥義「血の契約」を以下本文で、順序立てて解説していきます。

本書の日本語聖句は著者が翻訳し、英語主語YOUを特に**個人へのメッセージ**として解釈した文節（誉主吾訳）ですので、ほかの『日本語聖書』から引用したものではありません（念のため）。

「ルカ」22：20 同様に、食事の後、杯も同じようにして言われた。「この杯は、あなたのために流される、**私の血による新しい契約です**」（著者注：主イエスの宣言。同意節は、「マタイ」26：26〜28節、「マルコ」14：22〜24節）。

使徒パウロは、「ヘブル人への手紙」でクリスチャンに対し、この「奥義について」学び取るよう、指導しています。

「ヘブル」5：12 あなたは、今ではもうすでに教師になっていなければならないのに、実際には、**【神の御言葉の第一原則**（霊的真理）**】**＊を、もう一度教えてくれる人を必要としています。そしてあなたは堅い食物ではなく、（かみ砕かれた教えとして）乳を必要とするようになってしまっています。（著者注：＊【the first principles of the oracles of God：新欽定訳聖書：神の権威ある神託の**第一とすべき原理・原則**】）。

ここでは、年数を経て自分をそれなりの信仰者だとする方が、「奥義をその第1歩から学び直すこと」を求められています。更には入信まもなく、自分の信仰への根拠となる論理性をつかみきれていない多数のクリスチャンも、いずれ求められる学びなのです。

本書はこの救霊の真理「**血の契約**」を、「**乳として**」やさしく解説していますので、この真理をつかみ取っていただいて、そこから「天に引き上げられる確信」を持たれることを祈ります。

栄光在主。

古山《こやま》パウロ 誉主吾《よしゅあ》

目次

日本のキリスト教の現状

日本のキリスト教信者としてカウントされる数字は、今や、全人口の0・8％以下に留まる驚くべき低さです。キリスト教が布教された結果として、世界中にも類を見ない不活性さを示しています。

この実体をあぶり出す問いかけが、「なぜ、日本で福音宣教が成功しないのか？」という言葉であり、また、実際にリバイバルを希求しながら実現できていない現実があります。

そしてこの低迷は、キリスト教会がクリスチャンに対して、何を「自分の信仰の根拠にして」、それを「信仰告白の言葉にしているか」をきちんと霊的に教育できていない事実が表れていることでもあります。

その原因は現代キリスト教が、神様の定めた「**救いの法則**」のうち、「**たった一つ**」を**信じきっていない**ことによって、信仰の実質が入信以来成長せず、約束の祝福「神の子とされる霊的立場」を受け損ねていることです。

従ってその《**見落としている『血』の法則**》を自分の信仰の根拠とすれば、当然に神様から「神の子としての権威」を行使できる「義の人」として認められます。

逆にいうなら、**クリスチャンとして成長しなければならないこと**です。この成長の結果(自己認識)が、「天に引き上げられること」の確証になります。

しかしこの、最重要な救霊法則をたった一つ《実行しないことの結果として、**初心者教理に留まること**》を、使徒パウロは「(**霊的**)**幼児**」と呼んでいます。

その**幼児**とは、「イエス・キリストの**十字架による罪の贖い**」を、自分の信仰の根拠として「信じている」ほぼすべてのクリスチャンの方々です。

「**えっ。それがキリスト教の大原則ではないか**」と誰もが驚く筈です。キリスト教の常識として教えられ、聞かされてきたことを全員が経験しています。

その通りです。これは**入信原理としては全く正しく**「霊は**救われている**」のですが、なぜあなたはその「罪の赦しと贖い」に留まったまま、イエス・キリストにすがりつくだけで、祝福の源である**神様の膝元に**、「**神の子とされた者として**」**近づかないのですか?**

このようなクリスチャンの霊性に対して、使徒パウロは次のように聖書の中で事実を述べ警告しています。

パウロの警告「ヘブル人への手紙」

「ヘブル」5：12 あなたは、今ではもうすでにほかの人々を教えるようになっているべきなのに、実際には、神の権威ある神託の第一とすべき原理・原則すなわち霊的真理のことを、もう一度だれかに教えてもらう必要があるのです。そしてあなたは堅い食物ではなく、（かみ砕かれた教えとして）乳を必要とするようになってしまっています。**5：13** いつも乳を飲むだけのような者はみな、**義の教え**に通じてはいません。その人は**まだ幼子**なのです（著者注：「**義**」とは何か？ 後述します）。**5：14** しかし堅い食物は、成熟した人、つまり、その感覚がよく働いて、善と悪とを識別することを鍛えられ人々のための食物なのです。

「ヘブル」6：1 それゆえ、わたしたちは**キリストについての初歩の教え＝「十字架の死による罪の贖い」**の論じ合いをあとにして前進し、**完全**〈完成〉**を目ざして着**

実に進もうではありませんか。もう一度、死んだわざ〔形式的行い〕の悔改めや神〔への表層的な〕信仰。6：2 洗礼の教義、按手の教義、死者の復活の教義、および永遠の裁きの教義についてなど、基礎的なことを**繰り返さない**ようにしましょう。**6：3 神**のみ許しがあるならば、〔今は**さらに高い教え**を目ざして〕進もうではありませんか。

ここでパウロは、キリスト教の**霊的真理**「**義**」を、**乳＝かみ砕かれた教えからやり直す必要がある**と断じています。「**義の教えに通じていない**」のだから、**義**すなわち「**神様と*****の霊の関係性とその知識**」を**確立**しないと、成熟したクリスチャンになれないと論理的に教えています。

「**霊的幼児**」とは救いの概念を、イエス・キリストに「おんぶに抱っこ」ですがりつき、助けてもらうことだと信じている人々です。クリスチャンとなる入信通過ポイントとして、当初には許容される知識と態度ですが、ほとんどの教会がこの**幼児性から卒業しなければならない**「**霊の成長**」**を実現できていません**。

＊「主イエスの空中再臨で、天に引き上げられるクリスチャン」とは、自分の信仰基

盤を、「神の子とされた霊的立場である」と確信する人です。

そのようなクリスチャンになるためには、個人の自意識の中に「**神様との緊密な霊の関係性を構築する**」という、キリスト教の本質概念を認識し直す必要があります。

この「最重要な救霊法則」を《**知識として学び取る**ことが、自分の信仰の根拠になる》のですが、なぜか現代キリスト教では教えられていません。

だからその「霊の関係性」をつかめないゆえに、ほとんどのクリスチャンがイエス・キリストに**頼りすがること**を信仰とし、しかもその状態が**神様の期待に対してふさわしくないこと**を、理解できていません。

この表現で本書は、キリスト教の福音「十字架による罪の赦しと贖い」への信仰を否定しているのではありません。初等原理（the elementary principles of Christ）としては全く正しい真理です。

それ以上に、信じることの根拠を「神様との確実な霊的関係性」で強固な礎にすれば、「天国人」として「天＝自分の国に帰るのだ」という自己認識を持てることを述べています。

本書は前記「ヘブル」6：1〜3節の「成長推奨」を、筆者の信仰する「プロテスタント教理」によって解析し、「ではどうすればよいのか?」を、聖書に基づいて考察していきます。それはプロテスタント教派の根本理念が「**聖書への回帰**」だからです。それを信ずる者として、イエス・キリストの祝福の遺言・「マルコの福音書16：15〜20節」を実現させなければならない筈だからです。

「救われた者の**霊の立場**」についての、**正しい知識による自己吟味**（改新）のみが、あなたを天の栄光を実現する《神の子に刷新》します。

ここでまず、教会で礼拝／典礼として、毎聖日に繰り返されているのは、パウロが警告している「キリスト教の初歩教理」であることを認識してください。

その上で、聖書を学び直して霊的知識を得、**霊の立場の自己認識を変えなければ**、「**神の義となる刷新**」を実現できないのです。

なぜなら「「罪の悔い改め（入信原理）」」によってでは、神の義（**霊的成熟という面**）が完成するのではない」からです。神の義を完成させるには、さらなる霊的知識を知り、蓄える必要があります。

言い換えるなら、それは「信じること」において、自分の信仰基盤とすべき、**【神様との絶対的な「霊的関係の確立」を、救いの真理の知識としてつかみ取る】**ことです。

ですから普段から「罪の悔い改め」を告白し続けるなら、霊の初歩レベルに留まることになります。それは自分が神の子であるとの自意識を持てない堂々巡りです。

それはパウロが警告している通り、**【（霊である）神の権威ある御言葉（救霊真理）の第一原則（人の霊が［義＝神様と密接な霊的関係］でなければならないこと）】**を、実現／実行していない「霊性への**知識のなさ**」です。

クリスチャンはこの状態を「悔い改め」て、より高度な霊的知識を学び取り、キリストの身丈（大人）にまで成長し、神様の栄光を顕すことが期待されています。

それは人がだれでも成長段階に合わせて、幼稚園↓小学校↓中学校↓高校↓大学と、学ぶ内容が高度になっていくのと全く同じです。

そのため、順を追って**【神の御言葉の第一原則】**を、分かりやすくお伝えします。

本書は、現在のキリスト教そのものが、「初歩の教えに留まっている霊的幼児」を卒業することを提唱し、信仰の確信をより堅固にして「キリストの身丈を目指して**霊的跳躍**するため」の、**真理をかみ砕いて教えるテキスト**です。

信仰の根拠を「神様との霊的関係性の構築」に改めていただきたいと願います。

そのために現状と比較しながら、まず「欠落している救霊基準」をお知らせしますが、これは「自己認識の変革・刷新のため」に必要な要件確認であって、誰の信仰をも非難・否定しているのではありません。

神様はどんな信仰レベルであっても、その人を受け入れているからです。ただ神様が期待する信仰の目標値が、「キリストの身丈」なので、その**落差を明示**しているだけです。学びの手順であって、誹謗、中傷等の悪意は毛頭ありません。

序説

いつまでも初歩の教えに留まる勘違い

新約時代に生きる私たちは、キリスト教をどのように捉えて、〔救いの確信〕を得ているでしょうか？

現在の日本のキリスト教で、福音伝道として語られる内容は、「救いとはイエス・キリストの十字架の死による罪の贖いと赦し」であり、「それを信じること」と、パウロが「ガラテヤ人への手紙」で書いている文脈と一致しています。

「ガラテ」2：16人は律法の働きによってではなく、イエス・キリストを**信じる信仰によって義とされる**ことを知ったので、私たちもキリスト・イエスを信じました。それは、私たちが、律法の働きによってではなく、**キリストを信じる信仰によって義と認められるため**です。なぜなら、律法の行いによってでは義とされる者はいないからです。

これは16世紀にマルティン・ルターが主張した、「プロテスタント教理」をその通りに実行していることです。現代社会の未信者に対しての、「救霊への招待」としては全く正しいのですが、しかし一旦信仰に入った者が、この**入信原理**〔**罪の赦し**〕を目的として、いつまでも留まっていてはならないのです。

なぜなら、クリスチャンは神様から「**義の成長**」**を求められているから**です。

> ＊神様は誰の信仰をも、「その人の信じるまま」で受け入れています（自由意志の尊重）。しかし一方で、本来の救霊目的として**キリストの身丈にまで**成長することを願っています。

神の子である**キリスト・イエス**を救い主と受け入れた入信時には、確かに「そのままのあなた」でよかったけれども、クリスチャンとしての歩みを始めた以上、「信仰の行い」すなわち「**契約による義務の実行**」を果たさなければならない責任が生じていて、それを行った結果が「（全能の）神様の栄光を顕すもの」となることが、厳然と求められているのです。

この目的に対するパウロの言葉（クリスチャンの未熟さ）を、著者は次のように解釈します（「ヘブル人への手紙6：1節」）。

ですから、私たちは、**キリスト・イエス**の教え〈救霊教理〉の**初歩＝十字架の死による罪の赦しと贖いに頼りすがる解釈**をあとに（卒業）**して前進**（霊的立場の知識を刷新し）、**霊的成熟という面**（神の子とされた霊的認識）**で完全**〈神様との霊的関係性が確立すること〉を目ざして着実に学びをしていきましょう。

その目標値はクリスチャン一人ひとりの霊的成長として、《聖霊のバプテスマを受け「神の義」とされて、神の子となるキリスト教論理》を、理性において〈契約による法的根拠である〉と納得して、それを自分の体質（霊性）にまで及ぼさなければならないことです。これが「キリストの身丈」の意味です。

「エペソ」4：13 最終的に、私たちがみな、信仰の一致と神の御子に関する知識の一致とに達し、完全に大人になって、キリストの満ち満ちた身丈にまで達するためです（著者注：①信仰の一致（奇跡を体現するまでの霊性の一致）と、神の御子に関する②知識の一致（納得する論理性）とに達し、③完全に大人（サタンの攻撃を論破・排除できる者）になって、④キリストの満ち満ちた身丈（天に引き上げられる確信ある者）にまで達するためです）。

そのためには現在の日本の教会でも〈信仰に入った人に対して、「杯によるイエス・キリストとの血の契約という神様との絶対的関係性の保証」が、「キリスト教の本質」であるとして習得させ、その信者の身体には「イエス・キリストの血が流れていることを分からせなければなりません（「ルカ」22：20節、「Iコリ」11：25節）」。

キリスト教がキリスト教たる真理は、イエスと呼ばれる方との「対等な立場」での「血の契約」です。それによって、全能の神様を「天のお父さん」と呼べる、霊の家族の関係になっているという真理です。

しかし、この《法的論理性による関係性》を、自分の体質にまで取り込めていません。

つまり「十字架による罪の贖い」は、キリスト教に入信するための「初心者教理」なのに、その目的と限度を分かっておらず、それを「信仰の本質」だと取り扱っているからです。

今まで教会で教えられてきた教理、世間に流布しているキリスト教に基づく伝承などが、公平・公正で義なる「愛の神」を、恐れながら「半信半疑でただひれ伏し拝む」対象としており、霊的に全く正しくない態度を取っています。

「神の子とされること」への正しい知識を探求せずに、「よく分からないけど信じています」という状態では、主イエスが「しなさい」と指示している契約の義務「マルコ16：17～19節」を、果たせないのはいうまでもありません。

新約聖書の章・節を、理性で納得するまでその書かれた言葉の意味通りに詳しく解読していくと、今まで常識と思っていたことが、そうではなかったと目からうろこが落ちるように、その「単純明快」な神様の性格と論理性が理解できるようになります。

そしてその「単純明快さ」のゆえに、神様・主イエスに100％の信頼を寄せることができ、「幼な子」のように素直（疑わず）に「確信ある信仰」を持てるようになるのです。

そのために、回り道と感じられますが、神様がキリスト教の救いの真理とした「**信仰**」を、その**定義から洗い直すことから始め**なければなりません。

第1章

神様との関係性の正しさ＝「義」について

――キリスト教はイエス・キリストを仲介者とした、神様と人類との「血の契約」です。

多くのクリスチャンと呼ばれる人々が、自分の「救いの確かさ」を把握しておらず、自分の信仰を論理的に証明することができていません。

それは「神様の性格」を正しく捉えていないからであり、自分の「信仰の根拠」に、**《信頼する神様》が存在しない**からとまでいえます。

その理由は旧来の旧約聖書教理や、巷での「神認識」が、苦難や試練をもたらす神、理性で納得できず人智では計り知れない神であるとする、「救いへの半信半疑」理解なので、絶対的な信頼を寄せていない／寄せられない結果に陥っているためです。

ここから脱出しましょう。

*本書は「**義**」すなわち神様との霊の関係性の確立＝「人の霊の正しさ」を3段階に分類しています。そしてそのレベル毎の自意識として、神様への「**義の筋を通す**」ことを、霊的成長として明らかにしています。この区分を知らないことが初歩に留まる信仰であって、霊性の成長の足かせになっています。

第1の義

イエス・キリストの十字架の死で贖われた「**全人類の**」霊的立場。すべての人々が負わされていたアダムの原罪（神への背反）の咎《とが》からの解放と赦し。被造物である人との霊の関係性を取り戻すために、神様が「**憐れみ**」によって一方的に修復した、《**信仰によらない全人類の霊の**「**無罪性**」の立場》。準備段階の完成。

すなわちだれであっても**直ちに**神様のもとに立ち返られるための「**平等な前提条件**」です《神（創造主）の基準として「**信仰以前ながら**、〔サタンの支配からの開放（罪がない者）〕とする霊的関係性」》。

それは「マタイ12：31節」の**聖霊を冒涜**すること以外、どんな罪も（**霊の上で**）赦されることの根拠。——すべてを自由意志の結果とするため。——しかしキリストの働きを信じない（聖霊を冒涜する）ならば、最後の審判で裁かれる立場です。

《尚、この世的犯罪は、加害者はすべて結果責任を負わなくてはなりません。それが「律法が永遠に全うされること」です。人類愛だからといって社会システムが悪を赦したり、刑罰を減免したりするのは、神様の意志に逆らう罪です。
加害者の罪を赦せるのは唯一、被害者のアガパ愛による「犯人を赦します」という意志表示によってのみです。ここを多くのクリスチャンが勘違いしています。》
イエス・キリストは次のように「律法の権威・有効性」を宣言しています。**正しさの基準は永遠に変わらない**のです。

「**マタイ」5：18** あなたに断言して言うが、天地が滅びる時まで、律法の中の一点一画でも決して消え去ることはない。それまで全部が成就されます。

ではなぜ「**第1の義**」なのでしょうか？　それは「原罪を背負った**サタンの支配下のまま**」では、人は自由意志でイエス・キリストに近づけないからです。必ずと言ってよいほど、サタンが試練で攻撃してくるので、信仰に入ること自体が非常に困難な挑戦になるからです。

そしてこの状態での入信のための**霊の戦い**では、通常、支配者であるサタンに勝てません（旧約時代の清めの儀式は一時的な「見なしの義（罪が覆い隠されただけ）」であり、だから常に「悔い改め」が必要だったのです）。

従って誰でも信仰告白（意志だけ）によって、簡単に神様の陣営に入れるようにするために、〔イエス・キリストの十字架の死による原罪の贖い〕によって、**《信仰以前の段階で、人類すべての人々》**が「第１の義〕」とされているのです。

これが神様の**公正・公平な論理性＝憐れみによる条件設定（十字架の死）**であり、この世に対する「福音の呼びかけ」の救霊定理です。

創造神はどんな人の自由意志をも徹底的に尊重されるので、キリスト教をキリスト教たらしめるためにこそ、絶対必要な「全人類平等の霊的基礎・**無原罪の前提条件**」なのです。**次の段階として**信仰に入る／入らないのも、その人個人に任せられており、定められた運命なのではありません。洗脳や強制で信じさせるのではありません。さらに背く者がサタンの支配下に戻るのも、その人の自由（意志）です。

この「**全人類の霊の立場**が無原罪にされた事実」を証明するのが、歴史的時系列表現である西暦元号が、ＢＣからＡＤへと変化したことです。

信じたクリスチャンだけが「救われる（次の第2の義）」という、巷の解釈は正しいけれども、それならばこの地球規模の**時代呼称の変化**にはなり得ません。

ですから神様の意志として、**個々人の信仰以前の取り扱いであること**も、はっきりするのです。

第2の義

第1の義の立場を原点として、そこから**個々に霊的覚醒で始まる信仰の世界**。《十字架の死による罪の赦しと贖いを達成したイエス・キリスト》を、**救い主と信じて告白した者**が置かれる、「神様の陣営につく者として**新生した**」霊的立場です。

しかしパウロが霊的幼児と指摘している〔罪の赦しだけを信じる初心者信仰〕として＝「罪の赦し」の信仰告白と「水のバプテスマ（悔い改め）」だけで、まだ聖霊を受けていない信仰レベルの霊性です。プロテスタント教理の主流派。

十字架の目的は「罪の赦し」であって、**聖霊を受けることへの論理的根拠が備わっていない**ので、「信じたレベルに比例した祝福を契約」としている神様が、その救霊基準通りに「罪の赦し」に置いてくださった立場。従ってサタンに勝利すると約束された勝利者には到達していないというべき状態です。

「あなたの信じた通りになるように」が信仰の定理です。だから「救われた者の行動＝神の義」を実行できるようになるためには、「**信じる**」内容が「十字架による罪の赦し」から、「神の子とされる論理性」に変わらなければなりません。

そして**信じるためには学んだ知識の納得性があることが必須要件**です。その知識を熱心に聖書から学び取らねばなりません。

その納得性とは、「**神様から発生した論理的な根拠**であること」です。人の知性だけでどんなに崇高な概念を語っても、神様の保証がないなら、簡単にサタンに惑わされます。

第３の義

「血の契約」の論理性によって、自らイエス・キリストの**血の兄弟**（代理者）として、「**神の義**」と「**イエスの名**」によって、奇跡と呼ばれる結果を起こす霊的立場をとる自意識。

すなわち「聖霊のバプテスマ」を受けている成長したクリスチャン。

聖霊が「契約による祝福」として授けられるから、「マルコ16：16〜18節、主イエスの遺言」を実行する意志を持つ者《「血の契約」を根拠として最後の審判では、主イエスとともに**裁く者として**席に着く。これが**裁かれないことの霊的根拠**「黙示録3：21、20：4」》。

――霊・肉における勝利者です。――

「ヨハネ」3：18彼（イエス）を信じる者は罪に問われない。しかし、信じない者は、神の独り子の名を信じなかったので、すでに罪に定められている（著者注：最後の審判での判決）。

5：24絶対に確かなこととしてあなたに言う。「私の言葉を聞いて、私を遣わした方を信じる者は、**永遠の命を得、裁きを受けることなく、死から命に至る**のです（著者注：第3の義の本質）。

「Iコリ」6：2あなたは、聖人が世界を裁くということを知らないのですか？そして、**世界があなたによって裁かれる**はずなのに、あなたには小さな事柄を裁く資格はないのですか？ **6：3**私たち（クリスチャン）は**天使たちをも裁く者である**ことを、知らないのですか。それなら現世に関わることは、それ以上に当然です。

「黙示録」3：21「わたしもまた勝利して、父と一緒に御座に座ったように、**勝利す**

る者には、わたしの座にともに座る権威を与えよう」

20：4 わたしは多くの座を見、**彼らがその上に座り、裁きが彼らに委ねられているのを見た**（後略）〔著者注：携挙されたクリスチャンの居場所です〕。

クリスチャンは、このうち第2～第3のどの段階に自分がいるか、「自分が作り上げた信仰」をしっかりと認識して、さらに「キリストの身丈にまで」**霊的成長**を目指さなければなりません。

神様は「信仰の定理」として、人の自由意志を実現させようとしているので、**主イエスにあって**「あなたの信じた通りになるように」と、成長を促しているのです。

それは御言葉の約束の実現に対して、「どれだけ神様に**信頼を寄せているかの度合い**」のことです。そしてそれは、《正しい知識を持つことが必須条件》です。

ここで言いたいことは、教会の**現状**として、未信者を信仰に導く伝道アプローチとしての、「**十字架の働き**〔第1の義〕」は全く正しい認識だけれども、一旦イエス・キリストを信じた人〔第2の義〕にとっては、次の霊のステップ〔聖霊の働きを実現する第3の義〕に引っ張り上げる、「**神様の意図としてのキリスト教**」**ではない**という現実です。

この「第2の義」に停滞して、「第3の義」に至っていないことが**霊的幼児である**と、パウロは《「ヘブル」5：12～6：3節》で苦言を呈し、学びを促しているのです。

それは「十字架の罪の赦しと贖い」の教理段階では、教会がクリスチャンに〔「神の義」を実践する信仰を自分の喜びとして行うところまでに、「聖霊の力を実践する権威」を授けられない〕からです。

＊＊十字架の目的には、神様が**聖霊をくださるその保証と根拠が備わっていません**。だから「十字架は初歩の教え」なのです。より多く霊的祝福を受けたい人は、聖書を学んで知識を得なければなりません。キリスト教は**個々人の自由意志の行動の結果**です。

＊連綿と続いてきたキリスト教が、このように「十字架を根拠にする入信条件の知識」に留まっているから、聖霊を受けたら「イエス・キリストと同じ働きをし、更に大きいわざをなす」と約束されている聖書を信じきれないでいます。

「ヨハネ」14：12 絶対に確かなこととしてあなたに言う。わたしを信じる者は、わたしの行うわざを行い、またこれらよりも**さらに大きなわざを行い**ます。わたしが**父のもとに行く**からです（著者注：主がすべての権威・名前の上に立つ勝利者となるから）。

それどころか**聖書を霊的に読み解かない結果**として、「現代には奇跡は起きない」とか、「医療が発達したので、癒しは不用だ」などと、神様の「永遠の救い（聖霊の働き）」に背く告白をしてはばからない不義を主張するのです。

これはイエス・キリストを信じると言っていても、聖霊を否定することにほかなりません。すなわち「**神の三一性**」を否定しているのです。

その態度は、「聖霊のバプテスマ」を授かっていないことを、自ら証明しています。十字架の意義（罪の赦し・贖い＝第**1**の義）だけを、いつまでも信仰の根拠にしているのであって、「敬虔さを示そうとして罪の悔い改めのつもりで、いつまでも「私は罪多き者です。」と告白することが（**的外れ**）であることが分かっていません。

その「**真理をつかみ取っていない解釈**が、霊的間違いである」と**悟っていないこと**において、約2000年前の布教当時に、**ガラテヤ人が 割礼に惑わされたことと同じ**であり、パウロが「ガラテ」3：1節で、「愚かなガラテヤ人」と書いた知識レベルと一緒です。

＊クリスチャンならば、霊的立場が第**2**の義になっているのだから、悔い改めの焦点を、「第**3**の義に至らない**自分自身の未熟さ**」に定めなければなりません。

正しい救霊定理の**知識を知らないこと**を、神様は、『旧約聖書』「ヨブ記」で明らかにしているのですが、人々は古来より「ヨブ記」の解読に失敗していて、《旧約聖書の神は「懲罰を下す恐ろしい**裁きの神**」である》として、神の霊が教えようとすることとは「**正反対の神認識**」が連綿と伝えられてきました。

その原因は、主人公ヨブを「信仰者の極み」として読み進んでしまうからです。清廉潔白さ（人としての**正しさ**）と、全能神への信仰の**霊性**とが、**全くの別物である**ことを知らないから、混同して間違うのです。「悪から離れた生きざま」は、不信仰者もできることです。

旧約聖書で**裁かれているのは**、**神に逆らう不信仰者たち**です。信仰者は祝福を受けこそすれ、ゆえなく罰せられることは絶対にありません。必ず人が問題の発生源です。

「ヨブ記」は**神様についての正しい知識**によってこそ、「**義＝神様との正しい関係**」となることを教えているのですが、ヨブにはその正しい知識がなく（＝噂で得たもの）、「彼と3人の友」の**間違った討論**（神認識論）が、正しい解釈であるかのように誤解されてしまっています。彼ら4人は「間違った神認識」を、「ヨブ記3章〜31章」で、互いに長々と主張し合っているのです。

彼らは最終章で、主から「**悔い改め**」**を要求されて、その結果ようやく**「**義**」**とされました。**

彼らの霊性（神認識）では、自分は信仰者のつもりでいても、危急の時に際し「**絶対に救われる**「**確証**＝神様への信頼」」を持っていなかったのだから、神様の目から見ると明らかに「不信仰」であって、**正しい知識で**「**信じ直す**」ことが必要なのです。それが**聖書でいう**「**悔い改め**」です。

ヨブの**3人の友**は、「恥辱（死）を受けるべき神認識だった」のに、改心した**ヨブのとりなし**で命を落とさずに済みました（「ヨブ記」42：7〜9節）。それまでのヨブは、清廉潔白で悪から離れて、「律法に正しく従って」いたので、裁きの対象者ではありません。

しかし霊的には「信仰者ではなかった」のです。

これに等しい状態を、主イエスは複数の福音書で弟子たちに向かって、「信仰が薄い者」「あなたがたの信仰はどこにあるのか？」と嘆いています。

「マタイ」8：26 しかし**主**は言われた。「なぜ恐れているのか、**信仰の薄い者たちだ**」それから、起き上がって、風と湖を叱りつけると、大凪になった。**8：27** そこで人々（弟子たち）は驚いて言った。「風や湖までが彼の言うことをきくとは、いったいこの方はだれなのだろう」（同意節、「マルコ」4：35〜41節）

「ルカ8章」では、25節で「**あなたがたの信仰はどこにあるのか？**」と弟子たちの姿勢を問いただしています。

この大暴風がサタンの仕業であることを、主イエスは分かっているから平然と寝ていられたし、逆に弟子たちが彼らの信仰で、この嵐を鎮めることを期待していました。
なぜなら、「マルコ3：14〜15節」で、弟子たちにその権威を授けているからです。

「マルコ」3：14 それからイエスは12弟子を任命して、御自分と一緒にいさせ、彼らを宣教に遣わされた。**3：15彼らに病気を回復させ、悪霊を追い出す権威を持たせるためであった。**

弟子たちに向かって、「なぜこわがるのか、信仰の薄い者たちだ」「あなたがたの信仰はどこにあるのか？」と嘆いているのも、彼らがサタン・悪霊に対して、与えられた権威を使って、神様が造った自然の平穏を取り戻すという、「地上の支配者としての信仰者」が当然なすべき**霊の戦いをしていないため**なのです。

現代のクリスチャンは、この弟子たちと同じように、自分に与えられた霊の権能を使おう／使えるとは全く考えていません。

自分の立場についてのこの間違いを正すために、創世記から黙示録までが一貫して「血の契約」によって「神様＝義の筋を通す方」＝「理性で納得できる祝福の実現」であることを、聖書の御言葉で証明します。

歴史的に日本に移入されたキリスト教諸教派では、「血の契約」を基礎としていないので、この観点からの教理理論が確立されていません。それゆえ「第2の義」から「第3の義」に成長するための論理性のなさ〔矛盾や疑問を抱えたままの解釈〕を、「ただ信じなさい」と教えられてきました。

それは日本の精神文化が、仏教の教義・論理で培われてきたところに、キリスト教があとから入ってきたので、その救霊真理も「**悟りを求めるもの**であるかのよう」に捉えてしまうからではないかと、著者は考えます。


そしてさらにもっと重大な「概念のずれ」として、日本人の【霊知識と死生観】が、（仏教由来の）【死と無】を刷り込まれているので、「霊」を「死／死にまつわる忌避すべきもの」として扱うのです。

キリスト教の「神様との**生ける霊の関係性**」を素直に納得することができません。


日本人はこのような文化環境の中で生まれ育っているので、「イエス・キリストを信じています」と告白しながら、その霊的根拠が薄弱であることに全く痛痒を感じません。

むしろこの日本文化「**悟り**（**分かったつもり**）」を成長の手段としているゆえに、「キリスト教の本質」にまでたどり着けないのではないでしょうか。

この構造的文化ギャップによって、一旦信じたのに教会を離脱する人が絶えず、クリスチャン人口比率が０・８％に留まるのです。

本書ではこの欠如・欠点を補い、キリスト教の基盤である「聖書」が、論理的に「筋が通ったもの」であることを解明していきます。

そして「血の契約に基づく相互の祝福義務」の「論理性」が、信仰の確信・根拠であることを述べていきます。

『神の御言葉の第一原則』

神様の定めた救いの絶対則「血の贖い」は、キリスト教の根本教理です。それはアダムとエバのための「皮の衣」となった動物の犠牲に始まり、旧約聖書では「生贄の血」で民を贖い、次にイエス・キリストによる十字架での血によって、今に至るまで、また、将来までも続く「永遠の定理」として、定められています。

この定理「いのちとは血である」を、神様は日々の生活で人々が認識するように、「いのちにはいのちで償わなければならない」と律法にして教え、守らせてきました。

このように神様は、「血を流すこと」が、「いのちを懸けた契約」であることを、人類創造の始めから教えているのです。

そして神様は、「創世記」3：15節のサタンへの宣告を、「女の子孫の契約の義務」として、独り子イエス・キリストを十字架につけて死なせることで実行し、全人類の原罪を贖って「血の契約」がキリスト教の本質であると証明しました。

しかしなぜか、歴史的にも「血の契約」が理解されず受け入れられてきませんでした。日本に宣教されたキリスト教各宗派の教会は、未信者を信仰に導く言葉「憐れみ」「選び」などの概念（初歩レベル）から一歩も離れず、「十字架の死と罪の赦し」に終始しています。そして「神様との霊の関係性」について、「頼りすがる（憐れみを求めること＝第1の義と同じ霊性）」と勘違いしていて、「祝福の**根拠は契約**である」との、その**論理性（法的立場）**を教えていません。

この原因は、日本のキリスト教が偶像礼拝と同じ信仰レベル（単なる慰め・心の拠り所）に堕ちていて、「神様の絶対的権威・奇跡」をその通りに認めていないからです。

そもそも日本人は、**創造神である唯一神を知らない異邦人**だから、「**イエス・キリストを信じたのにそれ以上何があるの？**」として入信レベルに留まり、神様が望んでいる霊の交わりに、「自分の意志で参加する**契約**」**という信仰の本質**に気付いていないのです。
本書は、聖書の文章、文脈、単語一つ一つを、その意味に合わせて「科学的知識、歴史的考察、普遍的常識」などを定規として当てはめて読み解くことで、神の霊が教えようとしている聖書の内容が、人の理性と感情に逆らうものではないことを解明します。

神様の言葉には何一つ矛盾や混沌はなく、すべてきちんと筋が通っているから、人の方で素直に納得できる理解になるまで、理性・知性を働かせて咀嚼を続けなくてはなりません。もし、矛盾を感じたり常識的論理に反する考えが浮かぶなら、その読み解きが間違っているのであって、別の正しい解釈を求めなければなりません。

ここで筆者は、「聖書は無謬である」と主張しているのではありません。翻訳を繰り返してきた日本語聖書は、その文言のあちこちに、表面的読み方では「矛盾」と思える言葉／表現があるからです。ですから逆に、書かれた言葉を咀嚼せずそのまま鵜呑みにして、無批判に信じ込むならば、「洗脳されたのと同じ」で正しくないのです。

＊「神様の正しさ」を定規として解釈し、「無謬である意味づけ」を引き出さねばなり

ません。人間的には不可能と思える「御言葉の約束」も、聖霊の力（助け）によって現実になります。この「**権威を信じる＋行う**」のがキリスト教です。

尚、ここで「**信じるだけ**」では信仰は完成しません。使徒ヤコブは『新約聖書』「ヤコブの手紙」で、「**行いのない信仰は死んでいる**（「ヤコブ」２：26節）」と、クリスチャンが「認識間違いをしないよう」警告しています。

本来、聖書は誰にでも理解できるように、単純明快な言葉遣いで書かれています。従って、前後の文脈で何を教えたいのかを捉えながら、「霊の導きすなわち神様は正しい」とする立場に立って、その言葉一つひとつを**その意味通り**に読み解いてゆけば、必ず正しい理解に至ることができます。文意の辻褄が合わない原因や、訳語が正しくないことが、自ずと炙り出されてきます。

この主張の根拠は何でしょうか？

それは神様がアダムを創造した時、神様の性質を彼ら（男と女）に分け与えていることです（以下各節著者注：人＝アーダーム＝彼ら＝男と女）。

「**創世記**」**1：26** そして神は言われた、「**われわれのかたち**に、**われわれの似姿**に、**人**（アーダーム）を造ろう。そして**彼ら**（**男と女**）に、海の魚、空の鳥、家畜、地のすべてのもの、地を這うすべてのものを支配させよう」**1：27** そこで神は、**ご自身のかたちに人**（男と女）**を創造された。神のかたちに彼**（アーダーム）**を創造し、男と女とに彼らを創造された**（アーダーム、男と女）。

2：7 神である主は、土地（アダマ）のちりで人（アダム）を形造り、その鼻にいのちの息を吹き込まれた。そこで、人は、**生きる者**（**霊の繋がりがある者**）となった。

「われわれ（三一性の神）に似るように、われわれのかたちに」と、男女が創られたのだから、人間には神様が持っていた霊（いのちの息）と理性・感性が移植されています。従って私たちが御言葉に矛盾を感じたり、常識的論理に反する、筋が通らないと感じるなら、神様自身も「その考えや解釈・捉え方はおかしい」と、同じ判断をしているのです。

だから御言葉の解釈は、**霊に導かれ**（神様は正しいとし）**ながら、素直に納得できる論**

理性を見出すまで掘り下げなくてはなりません。そのためには、必要なら最低限「新欽定訳聖書」原典で調べなければならない場合もあります。

神様が、同じ感性を持つ人類に教えようとして書かせた書物だから、筋が通らなかったり、矛盾する内容である筈がなく、もしもそのように捉えられないなら、読者の読み方が必ず間違っているのです。

この聖書の読み方は、①神様は絶対的に正しく矛盾はない「霊的正当性」とし、②科学的知識、歴史的考察、普遍的常識によって、論理的に聖書の御言葉を解読した結果です。

第2章

信仰の根拠は主イエスとの「霊の一体性」

あなたの救い主イエス・キリストは今、どこにいるとあなたは認識していますか？

聖書には「天で神の右に座している」と書かれています。だからあなたもそのように教えられてきて、そう答えたと思います。キリスト教一般教理として全く正しい解釈です。

私たちは、よみがえった主イエスが「**天で生きている**」ことを真理として信じています。


そうすると、「救いの実現についての霊の関係性」では、イエス・キリストとあなたは、「天」と「地」とに離れて存在しているから、強固な**霊的連帯者**としての**主イエスに、自分が認められているかどうか**、極めて不確実な推測と願望しか持てないことになります。

何故なら、それは2者の関係性なのに、自分の**気持ちのあり方でしかない**からです。

従ってそれは「信じています」という言葉にしがみつくだけの心許なさです。


それなら「何を信じているの？」と問われて、聞かされていた入信の福音を答えても、その論理的根拠を「**法律的な権威あるもの**」として説明できません。

さらにその根本を探ると、《「十字架の働き」の霊的目的が、入信へ誘う福音》なのであって、まだ個人的な「関係性が成立していない」からです。

以下の文章は、クリスチャンが神の子として霊的成長するための、ステップアップガイ**ドです。その目標は、「信じる」ことの内容を第3の義にすることです。**

ここでは**初心者レベルから成長することを目的**に論じています。誰の信仰をも非難や否定をしているのではありません。

より優れた霊的祝福として、「天に携挙される確信」と「心の平安」とを実現していただきたいからですが、受け入れるのも受け入れないのも、一人ひとりの自由意志として神様は許容しています。

神の子としての霊的自主性と権威を獲得するための、「自己認識の跳躍」の手段をお知らせします。それが神様との霊的関係性として、「天に引き上げられる根拠」になります。

＊自分の信仰を堅固なものにするためには、自分が確信できる「**神様の側からの証印**」が必要です（ジャン・カルヴァンはその根拠を「**神の選び**」に求めましたが、その行き着く先は操り人形・運命論なので正しくありません。それは神様自身が定めた自由意志の定理に反するからです）。

人が生きている間は、その霊は天に昇れないので、主イエスと「霊の交わり」をしているとしても、主イエスからの**証印**を《人の側から人智的に》得ることができません。それでは何があなたの霊における「**信仰の根拠**」なのでしょうか？　神様の「憐れみ」が根拠ですか？

あなたが信仰に入った時の救いの解釈は、「イエスの**十字架**による罪の赦しとよみがえり」でした。これは根源的に「世に対する招き」として、**入信時には全く正しい教理**です。従ってあなたの信仰は、〔十字架の死による贖い〕を根拠として、**天**に向かって「憐れみを求める宗教」として始まり、イエス・キリストに「頼りすがる教理」と、その態度になります。これがクリスチャンの通常ですが、しかしそれは霊的初心者＝**第2の義**です。

この霊的レベルでは、「マルコ」16：15～16節の主イエスの指示（御言葉に伴うしるしとして奇跡を顕現させること）を、実現するのは極めて困難です。

「**マルコ**」**16：17**「そして、信じる人々にはこれらのしるしが伴う。すなわち、**わたしの名**によって悪霊を追い出し、新しい異言で話すようになり、**16：18**彼らは蛇を退治し、たとい毒を飲んでも決して害は及ばず、また、彼らが病人に手を置けば病人は癒される」16：19 そのように、主イエスは彼らに語られたあと、天に上げられて神の右の座に着かれた。

これらの主イエスの指示は、聖霊の働きの顕現です。しかし「信じること」を頼りすがる信仰態度としているなら、まだ「聖霊のバプテスマ」を授かっていない霊的幼児といえます。

聖霊を授かった証拠として、**異言が口から出ます**が、奇跡と呼ばれる働きなどを否定している教会では、自ら聖霊を拒否していることになります。

それゆえにあなたの願望が叶えられること（祈りと結果）について、《絶対的確信が得られない現実》に直面します。そしてそれは当然に、御言葉の約束の成就に疑いを生じさせます。

なぜなら「十字架による罪の赦し」を**信じるだけ**では、神の子としての知識がなく、**《聖霊の働きを実現する「神の子とされた霊的立場」に至っていない》**からであり、**その「霊の関係性が確立していること」**を、**絶対法則にできていない**からです。

＊しかし聖書は、「信じる者には聖霊が授けられる」としていて、これこそ「霊的関係性の実現」にほかなりませんが、それなのにその証拠となるものが見つかりません。聖霊を受けた証拠としての「**異言**」は、確かに霊の交わりですが、その異言自体は結果として表れるものであって、「神様への信仰の**絶対的根拠**」**ではない**からです。従って、うやむやとした状態の教理解釈に留まり続ける結果になります。

＊それでは何が、あなたの霊における「信仰の根拠＝**神様の保証**」なのでしょうか？そしてそれを手に入れて〔あなたへの主イエスの臨在〕を実感するには、どうすればよいのでしょうか？
聖書の主イエスの言葉は、**あなたとの個人的な関係性を保証**しています。それなら**《あなた個人の主イエス》**は、**どこにいて**その約束を実行してくれるのでしょうか？**天からの見守り**（リモート）で次の約束が実現できると信じますか？

「ヨハネ」6：37　父がわたしにくださる者はみな、わたしのところに来ます。そしてわたしのもとに来る者を、**わたしは決して追い出さない**（著者注：契約によるイエスの血は死ぬまで一体です。それどころか、死後も霊は天でともに過ごすのです）。

「ヨハネ」14：18 わたしは、あなたを**捨てて孤児にはしません。**（よみがえって天に上った）わたしは、あなたのところに（天の権威を携えた霊として）戻ってきます（著者注：神の三一性によって、主イエスの血が流れるあなたは神の宮となり、聖霊があなたに宿ります。これ以上の**霊の連帯と結束の保証**はほかにありません）。

14：20 その日には、わたしが父の中におり、**あなたがわたしの中におり、わたしがあなた**（がた）の**中におる**こと（著者注：血の契約の原理）が、あなたに分かります（著者注：そして死んだら主イエスの血とともに、霊は**必ず天に昇ります。**つまり天国に移される**保証**でもあるのです）。

この約束を正しく受け取るには、自己認識の霊性において、「私は神の義・神の子とされた者です」という告白でなければならず、そしてその「霊の関係性の根拠」を、自分の**意志と手段によって構築した**と確信する自意識に刷新することです。

そのためには、《今、欠落している「イエス・キリストを信じたら、神の子とされるその論理性」》を、正しく**知識として学ばなければ**なりません。「**憐れみ**」にすがっても手に入りません。

1. 自分の**意志**とは、イエス・キリストを救い主と信じて信仰告白し、全能の唯一神に帰依することへの、「命懸け（真剣さ）の**決意**」です。

2. そしてその**手段**は、**聖餐式**による**杯で**「**血の契約**」を**交わした者**として、〔イエスの血と自分の血とが混ざり合うから〕、〔過去のない〔イエス・自分という〕新しく**生まれ変わった人格**」であると、**自分の霊的立場の認識を一変させる**ことです。

そうでないと「信仰の行い」のつもりが、単なる善行にしかなりません。その端的な例が、先に述べた『旧約聖書』「ヨブ記」のヨブの生活態度です。「ヨブ記」1章〜37章までの彼は、「**噂の神を恐れて悪から離れた善人**」でしたが、しかし神様の側につく**信仰者ではなかったの**です。だからサタンに苦しめられました。

しかし「正しい神の姿を**知って**」、42章で「**知識のなさを悔い改めて**」「**神を主とした**」ので、信仰者として神様の祝福を受ける霊的立場になりました。

このようにコロッと霊的立場が変えられるのは、「**正しい知識による納得**」が**信仰の確信に至る**からです。そして神様の側も、正しい神の知識を持つ者しか「義」と受け入れません。

しかし、クリスチャンにそもそも救霊原理の知識がないなら、その救いを**求めることすら思いつきません**。

現代において、救いの認識が「罪の赦し（悔い改め）」に留まっているなら、その霊的レベルは「神の子に生まれ変わっておらず」、その人の「神様との霊の関係性」は、「神のしもべ」として仕えるユダヤ教の信者と変わりません。

なぜなら、イエス・キリストの「霊性と血の働きを正しく納得していない」からです。

> ＊＊キリスト教は、神の独り子イエス・キリストと信仰者とが、「血の契約を交わす」ことによって、神様の祝福の意志（サタンに勝利すること）を、この世で実現する協同体制なのであって、その契約の義務を果たすために、「聖霊」が権威を帯びた道具（助け手）として《**信じる者に論理的**に与えられる》のです。
> これは契約による互恵の義務関係だからこそ「**法的な根拠になる**」のです。神様の「憐れみにすがって、乞い求めても」必ずそうなる根拠にはなりません。

神様・主イエスが「しなさい」と指示している**信仰の行い**とは、「契約の義務」として聖霊の働きをこの地上で実現して、「その結果を義と認められて祝福を受け取る」ことです。

この神様の救霊原理の知識に従って、「聖霊を祈り求める」から、聖霊が授けられます。この原理を幼な子のように素直に信じて、自分の信仰を刷新してください。

その結果、主イエスの代行者として「**イエスの名**」を**武器として用いる勝利者**になります。すがりつく思いと態度で、「イエス・キリストに何かをしてもらうため」に祈り求めるのではありません。

しかしこの点で、極めて多くの牧師・教師たちが、「求める祈り」の本質を勘違いしていて、霊の関係性を「頼れ。すがれ」と教理にして説教していたりします。

「罪の赦し」はキリスト教のスタート地点ですが、その先に「**イエス・キリストの代理者**」**としての働きをする義務**が待っています。ただ「潔められる」だけでなく、「聖霊のバプテスマ」を受けて、この義務を果たさないと、神様・主イエスからは「義」と認められません。義務を果たさないなら、不実行の結果が自分に跳ね返ってくるのです。

＊この新約聖書時代の〔**実行を伴う救霊システム**〕を**信じる**ことが大切です。これはパウロが「ガラテヤ人への手紙」で主張した「**信じるだけ**（これは割礼否定が目的だった）」とは、**霊的レベルと内容が全く異なっているの**を、私たちはしっかりと知る必要があります。

そしてさらにこの霊的齟齬の原因は、マルティン・ルターが「**信じること**」だけを真理として、「宗教改革し、プロテスタント教派が誕生したこと」に端を発しているのです。

●冒頭の質問「**あなた個人の主**イエス・キリストはどこにいるか」の正解は、「**あなたの身体の中**」です。

聖餐式の**杯**で象徴される「**血の契約を交わす**」ことによって、あなたの**身体に流れるイエスの血が**、神の法律の下にあなたを神の子とし、**天の権威を行使するイエス・キリストの代行者であることを絶対的に保証する**のです。

この真理は、**神の三一性そのものが**、あなたの信仰によってあなた自身に実現していることです。「**イエスの血**」によって「**神の霊の宿る宮**」となり、「**聖霊の臨在**」が当たり前でなければならないのです。

このように、**霊的立場が**「**義の人**」**に変えられる**のです。

【NKJV】新欽定訳聖書「ヨハネ第1の手紙」

「Iヨハ」5：7 天で証しをするものが3つあります。父と言葉（独り子）と聖霊です。これら**3つは1つ**です。5：8 そして**地**で証しをするものが3つあります。霊と水と血です。これら3つは1つとして認められます。

この2節は、「**神の三一性**」と「**人との霊の一体性**」が、**新約聖書の中で唯一、証明されている箇所**です。しかし複数の日本語聖書では正しく翻訳されていません。

従って多くの教会では、神様・主イエスとの霊的関係性の本質が語られず、「**クリスチャン自身が神の三一性を保持している真理**を掴めない」のです。そしていつまでも霊的幼児に留まらざるを得ない結果になります。

その原因は、主流をいく日本語聖書が翻訳底本としているWH本文が、真のギリシャ語原典を改変させてしまったものだからです。

しかし『新欽定訳聖書』「ヨハネ第1の手紙」は正しく「**天と地での三一性**を証明して」います。

I Jo 5：7 For there are three that bear witness in heaven: the Father, the Word, and the Holy Spirit; and these three are one. **5：8** And there are three that bear witness on earth：the Spirit, the water, and the blood; and these three agree as one.

イエス・キリストとクリスチャンとは、この対句によって神様から**地上での霊的同位体と認められる**のです。

すなわち、**クリスチャンになった根拠を「血の契約」に置かなければ**、正しい教理解釈とその行為義認に至らず、霊的権威の顕現（サタンに勝利すること）になりません。

ここでどんなに違う根拠を述べ立てても、一気通貫した「聖書全体の救霊定理解釈」には届きません。

今、多く読まれている日本語聖書は、【神の御言葉の第一原則】であるこの7～8二節を正しく訳出していません。従って読む人の教理解釈が「三一性の定理」に至らず、霊的幼児に留まらざるを得ません。

奇跡を含んだ御言葉の約束を実現できない信仰解釈は、最後の審判で「なまぬるい信仰」と判定されるでしょう。「霊性が欠落したリベラル解釈」や、「聖書にも誤謬があると主張すること」などが、その代表です。奇跡を排斥するのは、サタンの惑わしに操られていることです。だからその不信仰のゆえに「神様の口から吐き出される」と預言されているのです（「黙示録」3：14～21節）。

＊「血の契約」を根拠とすれば、主イエスは当然に、日々の生活のすべての場面において、**常にあなたと行動をともにして**います。むしろあなたから**離れられないというべき**です。
だから次の主イエスの言葉は正しいのです。

・「わたしのもとに来る者を、**わたしは決して追い出さない**」（「ヨハネ」6：37）。

・「わたしは、あなたを**捨てて孤児にはしない**」（「ヨハネ」14：18）。
・「その日には、わたしが父の**中**におり、**あなたがわたしの中におり、わたしがあなたの中におる**ことが、あなたにわかります」（「ヨハネ」14：20）。

この「血の契約の論理性」によらなければ、神様が期待する本来の、サタンに勝利する力強い信仰にはなり得ません。

イエス・キリストの血が自分の身体に流れていると知れば、「何に対しても恐れはなくなり、どんなことでもできる人」として「信仰の行い」ができるようになり、この霊の忠実さによって実際に奇跡（聖霊の働き）が起きるのです。

＊キリスト教は、イエス・キリストの「十字架で流された血による罪の贖い（第1の義）」を、次に〔信じるという意思決定（信仰告白）〕で、神様・主イエスに「義と認められる（第2の義）」のですが、しかしこの状態ではまだ、信じる者の側からの「**神様との霊の繋がり**」を、救いの根拠として実感することはできません（天と地の乖離）。

救いの根拠が「十字架＝罪の赦し」だけであれば、それは人が受け取る立場として受け身の関係性です。従ってこの解釈の下に、神様から**選ばれて**信仰に入ったとする、「勘違いの関係論（予定説／選別説）」が広がっています。

しかし「**血の契約**」を根拠として、**イエス・キリストの代理者**（第3の義）となり、「イエスの名」で命令して**天の権威を発揮するなら**、サタン・悪霊に勝利する**約束が正しく実現する**のです。イエスの十字架（罪の赦し）に頼りすがる霊的幼児のままであってはなりません。

全能の神様との**霊の繋がりを**「**法的根拠**」**としなければ**、「神の子とされた力強い信仰（第3の義）」に成長できません。それならばどうすればよいのでしょうか？

答えは簡単。イエス・キリストを仲保者とする「**血の契約を結ぶ**」ことです。しかしそのためには、重要な霊的基準があります。

*＊***個人の霊性を追求するのが目的**なので、どこか〔正しい教理として、奇跡を体現する純福音の教会〕で、**霊的知識を学び直して**、自分の強い意志を持って**決断する勇気**が必要です。必ずと言ってよいほど、この世的感覚、常識などを理由に、サタン

が妨害してくるからです。周りの状況に左右されてはなりません。

「血の契約」は**聖餐式の杯**で象徴される〔よみがえって天で生きている主イエスとの血の交わり〕なので、その意義をキチンと告知する礼拝説教と、典礼式辞を述べる教会でなければなりません（第6章で詳述します）。

聖餐式を受けるには、「十字架の死（第1の義）を告げ知らせる）」のではなく、まずクリスチャンが「自分の霊的現状**（第2の義に留まり第3の義に到達していないこと）」を吟味する**のが目的です。

そしてその上で、**杯を飲むことで、天で生きる主イエスと「血の契約」を交わした**」と象徴体感するのです。


パウロが「ヘブル人への手紙」で、クリスチャンに「真理を学んで成長するよう」に指示している箇所を、再度、著者の注釈を加えておさらいしましょう。

1．クリスチャンであるあなたは、入信以来の年数からすれば、すでに教師であるほどの教理知識を得ていなければならないのに、実際には、**【神の御言葉の第一原則**（霊的真理）**】**を、もう一度教えてくれる人を必要としています。「ヘブル」5：12節。

その「霊的真理」とは、全能の創造神がこの世を造り、そこに人を存在させた目的（霊的関係性の確立）であり、それを正しく知るには、旧約聖書「創世記」をおとぎ話として受け流すのではなく、霊的かつ科学的に「そうでなければならない筋が通った論理性・必然性」を見つけ出すことです。

その骨子は、始祖アダムが犯した原罪（霊の関係性の断絶）を、神様が「元の生きた関係性」に修復しようとした計画です。それを当時の人が、霊感によって記録したものです。

しかし現代人は自分たちの知性を優れたものとし、「創世記」をおとぎ話として読んでしまうため、真理をとらえられないのです。

そしてパウロは、そんなクリスチャンが成長し、堅い食物（**大人に成長したクリスチャン**が持つべき救霊理解）で養われなければならない、と警告しました。「ヘブル」5：14節。

「堅い食物とは、成熟した人、つまり、学んだ御言葉を生かす日常生活によって、霊的・道徳的に正しい事と悪い事〈**神**または人間の律法に反する事〉を区別するようになっている人々のための知識の例えです。

しかしその為には、まず（かみ砕かれた教えとして）**乳**が必要であると述べています。イエス・キリストを救い主と信じているのに、「義に通じていない人」がいるのです。

２．いつも乳を飲むだけのような者はみな、**義の教え**に通じてはいません。その人はまだ神様との生きた霊の関係性の知識に未達であり、その真理を告白できず行動が伴わない**幼子**なのです。「ヘブル」５：13節。

ですから、私たちは、**キリストの初歩の原則**（十字架の贖い・罪の赦し）の論じ合いをあとにして、**完全〈霊的成熟〉を目ざして**着実に進もうではありませんか。死んだ行いからの悔い改めと神への信仰、「ヘブル」６：１節。

洗礼の教義、按手の教義、死者の復活の教義、および永遠の裁きの教義についてなど、**基礎的なことを繰り返したりしない**ようにしましょう。「ヘブル」６：２節。

ここでパウロは、キリスト教の**霊的真理**「**義**」を、**乳＝かみ砕かれた教えからやり直す必要があると**断じています。「**義の教えに通じていない**」のだから、**義**すなわち「**神様との霊の関係性とその知識**」を確立しないと、成熟したクリスチャンになれないと論理的に教えています。

霊的幼児とは救いの概念を、イエス・キリストに「おんぶに抱っこ」ですがりつき、助けてもらうことだと信じている人々です。クリスチャンとなる入信通過ポイントとして、当初には妥当な知識ですが、ほとんどの教会が教理解釈でこの**幼児性に留まってしまって**いるのです。

すなわち教会で礼拝／典礼として、毎週繰り返されているのは、パウロが警告している「キリスト教の初歩教理（この世に対する宣教）」なのだから、それらを卒業し、**霊の立場の自己認識を変えなければ**、「**神の義となる刷新**」を実現できません。

なぜなら「「罪の悔い改め（入信原理）」」によってでは、神の義（**霊的成熟という面**）が完成するのではない」からです。求める目的に対して、その手段を取り違えているのです。

しかしほぼすべてのキリスト教宗派が、この**キリストの教え**〈**教理**〉**の入信初歩の段階**

に留まっていて、《その中で「聖化という概念」を模索》しています。それは乗り越えなければならない**「血の契約」という霊的ギャップがあるのに、それが分かっていないからです。**

そして聖霊を受け取れないままでいるのに、受け取ったように語る偽善に陥ってしまうでしょう。そして主イエスの「奇跡の行い」を「現代には起こらない」とする、その無知さと傲慢さが、最後の審判で〔聖霊を汚す赦されない罪〕とされるのです。

「主イエスの空中再臨」で、地上に取り残されないよう、自らの「義」を吟味しなくてはなりません。

第3章

神様が用いる手段は「血の契約」

全能の神様との霊の**繋がり**を「**法的根拠**」**とするには**、イエス・キリストを仲保者とする「**血の契約を結ぶ**」ことです。これ以外に方法はありません。

「**ヨハネ**」**14：6** イエスは彼に言われた。「わたしが道であり、真理であり、いのち（著者注：生きた者同士の関係性）です。**わたしを通してでなければ**、だれ一人も（その霊が）父のみもとにくることはありません。

この言葉の真意は、**主イエスと**「**血の契約**」**を交わさなければ、神様との**「**霊的関係性が成立しない**」という、キリスト教の第一原則です。

しかし現代キリスト教において、この最重要の霊的法則が人間化されてしまい、イエス・キリストに「頼りすがる」のを信仰だと称しています。ですから神様は、あなたが**正しい知識を得て自由意志で決断し、行動することを我慢強く待っていてくださいます。**

ここで回り道になりますが、新約時代の神様と人との関係性として、なぜ「血の契約」なのか？を、「乳＝かみ砕かれた基礎知識」として歴史的背景を知りましょう。

新約時代になると、「神様はすべてを赦す愛の神に変わった」などと、多くの教会で言っていますが、神様の性格は永遠に不変で、公平・公正・義の方であり、旧約時代も新約時代も変わったわけではありません。それなのに神様の性格が変わったように感じられるのはなぜなのでしょうか？

旧約時代と新約時代との、**「神様の人への態度の変わりよう」**について分析するなら、

〜1．キリスト・イエスをこの世に生まれさせる神様の計画（原罪の贖い）に対し、

〜2．それを妨害・阻止しようとするサタンの攻撃（人の考えに不義を持ち込む）。

〜3．イスラエル民族の霊的堕落を防ぐために律法を与えたこと（霊の義を守る）。

〜4．人の子イエスが全人類代表者として、原罪の咎への血の贖いを達成したので、

〜5．全人類がサタンの支配下から解放されて、神様の元に戻れる準備（第1の義）ができた。

〜6．次に、自由意志によってイエス・キリストの働きを信じた人＝クリスチャンが、救霊の達成・第2の義となる。

〜7．聖書の御言葉を学んで、「信仰の根拠」を主イエスとの「血の契約」とし、聖霊のバプテスマを受けて神の子「神の義」とされ、霊の賜物をいただいて成長し、

〜8．主イエスの代理者として「イエスの名」の権威を使い、地上においてサタンに勝

利することが要求される、第3の義の立場となる。

との歴史的経過において、イエス・キリストとサタンとの「霊の戦い」と、それによる「罪の贖いの結果」によって、「**人の霊の立場が変えられた**ことを、正しく解釈していない」からです。次句（　）内は著者注です。

「創世記」3：15 そして、わたしは、おまえと女との間に、また、おまえの子孫と女の子孫との間に、敵愾心《てきがいしん》を置く。彼（**イエス・キリスト**）は、おまえ（**サタン**）の頭（**主権**）を踏み砕き（**霊の死と恐れを無力にし**）、おまえは、彼（**キリスト**）のかかとにかみつく（**救いの妨害・攻撃者となる**）。

人の子イエスの、十字架の死とよみがえりによって、アダムが犯した原罪の咎から人類が贖い出された結果、人は誰でも［生贄の血を介さず］直接神様の前に立てるように、「人の側の霊の立場」が変えられた（第一段階）のです。そしてイエス・キリストを信じて「生まれ変わる（第二段階）」のですが、その「**新しい人**」の意義を十分に理解しきれず、**古い人のままの感覚・感情で受け取っているため**、「**神様の態度が変わった**」と、間

違えたとらえ方をしてしまっているのです。

旧約・新約の両聖書の骨子が、「人」の生きざまについて、自由と喜びを与えようとする神様と、罪と死の束縛に閉じ込めておこうとするサタンとの、「霊の戦い」の記録であることを理解すれば、全能なる神様は、「創世記」から「黙示録」まで、**契約の相手として**、一貫して変わらない方であるのが、全く矛盾なく納得でき、心から素直に信頼を寄せられるようになります。

新約聖書時代において、裁きの神、怒りの神でなくなった理由はただ一つ、前述の通り、神様に対する「**人の霊的立場**」が、**十字架を境に劇的に変化した**からです。これこそ現代の人類にとって、最も重要な真理であり、心に刻みつけねばならないことなので、誰もが知っていることですが、誤解がないように再度、しっかり学び直さねばなりません。

十戒を授けることにより、それを守り従う限りにおいて、サタンの攻撃に対して神様の守りが機能していた旧約時代（西暦ＢＣ）に対し、神様がキリストを人の子イエスとして生まれさせ、全人類の代表者として十字架で死なせた結果、全人類がアダムのゆえに負わされていた原罪の咎《とが》から贖い出された（霊的に無罪にされた）ので、その中から信じて立ち帰った人を、神様が再び、直接祝福できるようになったのが、新約時代（西暦AD）です。

その内容は、イエス・キリストが**全人類**の身代わりとなって、十字架に掛かり、死［血］をもって人類の原罪の贖いをしたことと、その死から蘇って、サタンに奪われていた「**地上の支配権**（神様が始祖アダムに与えていたもの）」**を取り返し**、天に凱旋したことによります。

ここで、旧約時代にはサタンが地上の支配者であったことを、証明しておかなければなりません。

「**創世記**」1：28 神はまた、彼ら（男と女）を祝福し、このように神は彼らに仰せられた。「生めよ。ふえよ。地を満たせ。**地を従えよ**。海の魚、空の鳥、地をはうすべての生き物を**支配せよ**」（著者注：人に地上の支配権を与えています）

神様はアダムを地上の支配者にしていたので、**地上の支配権**は元々彼のものでしたが、アダムの原罪【木の実を食べたことの釈明で、アダムはその原因と責任を、神様に押しつけたので、神様は彼を赦すことができず、罪に定めたこと】の結果、「霊の関係性が切れ（死んで）」、サタンの支配下に入ってしまったことによって、地上の支配権はサタンに乗っ取られ、サタンが地を支配するようになったのです。

多くの人々が、サタンがもたらす災いであるのに、「神様はなんてひどい災いを人々にもたらすのか？」と、神様の尊厳を損なう考えを持たされています。しかし、サタンこそが、「盗む」「滅ぼす」「殺す」などの疫災を人類にもたらすのであって、それは「この世の支配権」が、アダムから奪い取られサタンの手中にあったからです。

そしてサタンは現在に至っても、無知な人々を惑わし、災難で苦しめるのです。

「マタイ」4：8 再び悪魔は、イエスを非常に高い山に連れて行き、**世の中のすべての王国とその栄華**を見せて、4：9 悪魔は言った。「もしあなたがひれ伏して私を拝むなら、これらのものすべてをあなたにあげよう」（著者注：アダムから奪って法律的にサタンの所有物になっていたからこう言える）

「**ルカ**」4：5 そしてまた、悪魔はイエスを高い山に連れて行き、一瞬のうちに世界のすべての王国を見せた。4：6 そして悪魔は彼に言った。「**これらの国々の**権威をすべてあなたに与えよう。彼らの栄光も。これは私に引き渡されたのだから、私の望む者には誰にでも与えるのです。

「Ⅰヨハ」5：19　わたしたちは、自分たちが神から出た者であることを知り、全世界が悪い者の支配下にあることを知っています。

しかし、イエス・キリストの十字架の死とよみがえりこそ、創世記3：15節の、神様のサタンへの宣告の成就にほかなりません。

アダムが神様との契約を破って、**園を守っていなかった**（**サタンの活動を許していた**）ため、木の実を食べることになってしまった顛末の後始末として、「アダムの原罪」を贖うための、神様の意志と働きの結果です。

「**ホセア**」6：7　ところが、彼らは**アダムのように契約**に背いた。そこで、わたしに対して嫌というほど不誠実となった（著者注：アダムが「園を守り、管理すること」は**契約**（サタンを活動させないこと）でした。しかしアダムはその義務を果たさなかったのです）。

「**創世記**」3：15　そして、わたしは、おまえと女との間に、また、おまえの子孫と女の子孫との間に、敵愾心《てきがいしん》を置く。彼（イエス・キリスト）は、おまえ（サタン）のかとにかみつく（救いの妨害・攻撃者となる）。

頭（主権）を踏み砕き（霊の死と恐れを無力にし）、おまえは、彼（キリスト）のか

「エペソ」1：19また、信じるわたしたちに対する神の力（デュナミス）の大きさは、その強い（イスクス）力（クラトス）の働き（エナゲイヤ）として、どんなに優れて偉大なことでしょう（著者注：神様が持つ5つの力のうちの4つです。残る1つは、神の神たる地位・権威（エグズージア）ですが、神様はこの力を使っていません。なぜなら、これを使うと「女の子孫とサタンとの戦い」で、〈キリスト（人類の代表者）が勝ったことにならない〉からです）。1：20神はその持てる（4つの）力をキリストのうちに働かせて、彼を死者の中からよみがえらせ、天上においてご自分の右の座に着かせて、1：21この時代だけでなく、来るべき時代においても、あらゆる公義（国家）、権力、威力、主権（＝サタンの支配）、名指しされるあらゆる名よりもはるかに高く据えました。

「コロサ」2：15神は、支配と権力（著者注：サタンの支配）とを武装解除し、彼らを公然と見世物にし、その中で彼らに勝利されたのです。

「Ｉペテ」3：22キリストは天に昇って神の右におられ、天使たち、もろもろの権威と権力（著者注：サタンの支配）を服従させています。

神様はイエス・キリストを、全人類の代表者として十字架で死なせ、その死（血の贖い）によって、全人類の罪（アダムの原罪の咎《とが》）を赦してくださったのです。そして次にイエス・キリストを死からよみがえらせることで、サタンの罪の力（死）を無力にし、かつサタンに奪われていた「地上の支配権」を取り戻し、イエス・キリストを天に凱旋させました。

この一連の神様の働きは、神様が「全能の神」としての立場でその力を発揮しているので、その結果について、被造物である人類は必ず従わなければならないのは明白です。それなのに世界中の多くの人々は、神様の存在とイエス・キリストの働きとを認めようとしません。

そんな人類であっても、神様が罰することをなさらないのはなぜなのでしょうか。それは神様が人に完全な自由意志を与えているからであって、神様を否定する自由さえも保証されているからです。しかし最後の審判では霊の罪として「永遠の死」に裁かれます。

このようにイエス・キリストの死とよみがえりによる勝利によって、それまでサタンの支配下に束縛されていた（罪の状態にいた）全人類が解放されたので、**人は誰でも**神様の前に立って、自分の言い分を述べ立てられるようになり、それを神様は直接聞き入れてくれるようになったのです（第一段階＝第１の義）。

つまり現在では、神様は「**すべての人**」を、「**人（の霊）は罪を持たず、清い＝罪を犯す以前のアダム**」（第１の義）として認めてくださっています。これがイエス・キリストの**十字架の死**の目的であって、**クリスチャンだけが罪の贖いを受けているのではありません。**

なぜならそれは、新しい契約を成立させるために、①前提として神様はまず、全人類の霊を平等に贖い出す必要があったからです。

そして次のステップとして、②「自由意志によってイエスを主と信じる者」に、「個別」に「救いが与えられる」のです。

この論理の証明は次の御言葉の純粋解釈によります。

「ローマ」５：８　しかし、神は、私たちが**まだ罪人であった時**に、キリストが私たち（全人類）のために死んでくださったことにより、私たちに対するご自身の愛（憐

れみ）を明らかに示しておられます（著者注：この聖句対象をクリスチャンに限定してはなりません）。

5：9 ましてや、今、彼の（十字架の）血によって（第1の）義とされてしまっている私たち（全人類）は、彼によって（神の）怒りから救われるのです（著者注：信仰への**道が開かれた**からです。しかしこの句はまだ信仰以前の段階の説明です）。

5：10 そもそも敵（サタンの支配下）であった私たちが、御子の死によって神と和解させられた（過去形・第1の義）のなら、（今）和解させられている（現在完了形）私たちが、彼のいのちによって救いにあずかる（未来形・信仰による第二段階へ進む）のは、尚さらのことです（（）内は著者注です）。

ここでも新欽定訳聖書を引用して、神様の意志を証明します。

Rom 5：8 But God demonstrates His own love toward us, in that while we were still sinners, Christ died for us. 5：9 Much more then, having now been justified by His blood, we shall be saved from wrath through Him. 5：10 For if when we were enemies we were reconciled to God through the death of His Son, much more, having been reconciled, we shall be saved by His life.

この3節を、著者が「乳」として解説します。

①神の敵として、すなわちサタンの支配下にとらわれていた全人類の原罪が、御子キリストの十字架の**死**によって赦され、神と和解させられた（過去形・第1の義）ので、

②今、和解させられている（現在完了形）全人類は、誰であってもイエス・キリストへの**信仰を持つ**（人の側の必須条件）**なら**、よみがえった彼の**いのち**によって**救われる**（**未来形**・第2の義に認められる）のです。

③ここでキリスト教そのものへの誤解として、〔神と和解させられた（過去形・第1の義）〕を、〔自分の信仰の**義**（神様との霊的関係性が成立した）としている〕教理解釈の勘違いによって、幼児性から抜けられません。それはまだ、「信じること」の内容が〔十字架（罪の赦しの関係性だけ）に留まっている〕からです。

「Ⅰテモ」**2：5** 神は唯一であり、神と人々との間の仲介者もまた唯一であって、それは人としてのキリスト・イエスです。**2：6** キリストは、**すべての人の贖いの**身代金として、ご自身を差し出しました。これが時至って証しされたことです（著者

注：全人類が第一の義にされている)。

「Ⅱペテ」３：９　主は約束について、ある者が怠慢であると考えるように、怠慢な方ではなく、私たちに対して寛容であり、**一人でも滅びることを望まず、すべての人が悔い改めるよう**にと願っておられます。

神様の意図（**3段階の救いの計画**）では、まず第一段階でイエス・キリストが**全人類**の身代わりとなって、十字架に掛かって死んだのであって、それはクリスチャンだけが原罪を贖われたのではなく、ノンクリスチャンをも、神様を否定する者すら包含しているという、正しい認識を持たないと、**血の契約そのものの理解をゆがめて**しまいます。

この論理の根拠は、神様の性質が「公平・公正で義な方」だからです。だれ一人として、その「自由意志の行使」ができない状態であってはならないから、神様はまず第一段階で、**すべての人々を「平等に原罪を取り除いて」、サタンの支配から贖い出しておかねばならない**のです。

これが被造物である全人類に対する、神様の公正な**憐れみ**の行使です。

だから多くのクリスチャンが、ノンクリスチャンを「罪人」と呼び、差別的意識を見せるのはとんでもない間違いです。神様が「罪」と定めるのは、その人の自由意志によって「聖霊を冒涜すること（「マタイ」12：31〜32節）、具体的にはイエス・キリストを救い主と認めないことだけですが、それはその人が死ぬその瞬間まで、心変わりする可能性があるから、今の時点で断罪してはならないからです。

この真理は、「ルカ」23：40〜43節で明らかにされている通り、主イエスと共に十字架に付けられた犯罪人の一人が、刑死する直前に十字架の上で救われていることで理解できます。

「ルカ」23：43 イエスは彼に言われた。「断言して、あなたに告げます。あなたはきょう、わたしとともにパラダイスにいます」

犯罪人は人間としては、犯した罪の償い（刑死）をしなければならないのですが、霊は**信仰によって、告白した瞬間に救われた**ことを、主イエスは保証しています。

この犯罪人の例は、契約の重要な要件「自由意志による」ことを、いかに尊重しているかの一面を教えています。

それならば、**クリスチャンが救われる**とはどういうことなのでしょうか？

第一段階において、イエス・キリストの十字架の死によって罪が贖われ、サタンの支配下（罪＝神様と関係が切れていること）から全人類が解放されたので、**だれでも人は神様**の前に立って、自分の自由意志を表明できるようになりました。そして**その人のどんな言い分でも神様は聞き入れてくれる**ようになった、と述べました（神である**主**）。

これが霊的に神様に対する「第**1**の義」の状態であり、信仰＝契約を結ぼうとする者にとっては**必須の前提条件**なのです。

だから神様は、全人類一人残らず**強制的**に、原罪の贖いを与えてしまっているのです。

なぜなら、神様は「**一人でも滅びることを望まず、すべての人が悔い改めに進むことを望んでおられる**」からです。しかし、ここで神様の方で一方的に「救い出す」ことをせず、「望んでおられる」のは、次のステップとして、**人の方から自主的に（自分の決断で）神様を信じる行動に出ることが**、「**契約に必要な絶対条件**」だからです。

神様は「公平・公正で義なる方」だから、人を神様の姿に似せ自由意志を持たせて形造った以上、人の自由意志による決断と行動を、あくまで尊重されます。神様が人の意志を無視して一方的に何かをするなら、それは人を奴隷／操り人形として扱っていることであり、神様の創造目的に反するからです。

●ここで神様の、「人に対する顕現の3パターン」を明らかにしておきましょう。

神様の「人との交わり方（立場）」の種類について、ほとんどの人がそれを見落としていて、聖書の正しい理解ができないでいます。

聖書はそれぞれの呼び名によって、「**人との関わり方**」を正確に使い分けているので、その言葉遣いの意図を理解しなければなりません。

『旧約聖書』には「**神**」、「**神である主**」、「**主**」と3つの呼び名が出てきます。「創世記」1：1〜2：3「**神**」、「創世記」2：4〜3：24「**神である主**」、「創世記」4：1〜「**主**」、と主語が異なっていることを霊的に解釈しなければなりません。

それはアダムを創造（バーラー）した**全能の神**が、アダムに支配権を渡してしまったら、今度はその権威を持つアダムの意志を尊重するので、「**神**」から「**神である主**」の立場に変わることです。

さらに、神の約束を信じ、その救いを受け入れた人に対しては、「**主**」となるのです。

A.「**神**」とは、宇宙の創造者、全知全能ですべてのものの上に立つ支配者として、絶対的権威で人に接する時の姿。**創造のわざ**（バーラー）は、「**神**」でなければできない。信じる人も信じない人も、その言葉（絶対性）には人の意志にかかわらず、必ず従わねばならない関係性。「言葉」によって無から有を生じる権威。また霊の裁きの神の姿が典型。しかし他方で、信仰を持たない人が使う一般的呼び名。

B.「**主**」とは、「**神**」を信じ自分の主と受け入れて信仰を守る人に対して、「**神**」がその人の言い分を**対等の立場で聞いてくれる姿**。信仰を持つ人だけが持てる霊的関係によって使う呼び名。

「創世記」18：16節から33節までの、アブラハムが**主**に譲歩を願った時の姿。

C.「**神である主**」とは、表面上は「神＝主」であるが、本質は、人に対して上の意味での「主」でありながら、別の一面では「神」としての権威と厳しさで臨んでくる時の呼び名。「創世記」２：４～３：24節で、アダムの言い分を「主」として受け入れながらも、「神」としての権能を振るわなければならなかった時の立場（〈脇（の骨）で繋がっていた女を〉男から分離して造り上げた（バナー）こと（創造のバーラーではない）。

この３種類の呼び名の違いの霊的背景を知って『旧約聖書』を読むなら、神様の性質・性格が正しく理解できます。解釈論において主語の違いを「書かれた年代が違う」とか、「著者が別々だから」などとする論説は著しい霊的欠落です。

尚、現代キリスト教ではその呼び名が「天の父なる神」となり、「主」と呼ばれる対象がイエス・キリストになります。

神様は旧約聖書の主でありながら、「天のお父さん」というさらに親密な関係となって、クリスチャンの要望を〈親子の関係〉の中で聞いてくださるのです。

この親密な霊の関係性を持つことが、「信じる」ことの本質です。そして本質だからこそ、信仰の確信・根拠になり得るのです。

そしてこの関係性はまた、人の自由意志による「契約の論理性」であり、救いの基礎

（第二段階）なのです。ここからは「霊の知識の学び」をしなくてはなりません。

＊厳密に**血の契約の成立**とするには、**聖餐式**によってその意義を正しく受け取らなければなりません。ここで信じない者は、その自由意志のままに救われない者に留まります。

●多くの人々（全人類）の中から、自分の自由意志でイエス・キリストを自分の救い主として受け入れた人々が、**個々に**神様から「神の義」とされます。すなわち「生まれ変わり」をした人々がクリスチャンと呼ばれるのです。その状態の自己評価が「第2の義」です。

ここからは、**神様と各個人との個別の契約関係**となります。そしてその関係は、その個人が死ぬまで続く「**血の契約**」であり、**死後には子孫にまで契約の恩恵が及ぶ**ものです。現代のクリスチャンが、「アブラハムの子孫」として祝福を受けられるのは、それが「血の契約」の恩恵だからなのです（「ガラテ」3：7～29節）。

ここで、イエス・キリストの働き「十字架での死と復活」の意義を、契約の観点からまとめてみましょう。

キリスト教会の多くが、イエス・キリストの果たした「血の贖い＝罪の赦し」を、クリスチャンだけに限定した考えを持っていますが、それは、**2段階の救いの計画**を、ごちゃごちゃのままひとかたまりに捉えているためであり、間違った捉え方・霊的幼児なのです。

「割礼」という旧約時代のイスラエル民族（選ばれた者）だけの「血の契約」に代わるものとして、神様が人と新しく契約を結ぶには、人々が神様に対して**罪を持っていない状態**でなければならず、そのために神様は、全人類（すべての人）の身代わりとして、イエス・キリストに血を流させ死なせました。

この段階では、人類は神様と契約したのではなく、**神様の憐れみ**によるイエス・キリストの「血の贖い」によって、アダムの原罪が赦されて「第1の義＝原罪がない者」とされ、**契約が交わせる前提条件が整っただけ**の状態です。

この後、復活したイエス・キリストが天に昇り、**契約の仲介者**となってくれたので、これら一連の**神様とイエス・キリストの働きを信じてそれを告白した人**が、「**血の契約**」を**交わした霊的関係とされ**、「**生まれ変わって**」「**救われた人**（第2の義）」となるのです。

主イエスが天で生きているから、「血の契約」が交わせるのです。キリスト教典礼の聖餐式の本来の目的です。

＊そうすると厳密には、キリスト信仰として「実効性のある霊の関係性」を持つには、「イエス・キリストとの血の契約」によってのみ、実現するのです。ですから信仰告白によって「イエスの名につくバプテスマ」を受けた時に、本来なら続いて聖餐式を行って、「血の契約」を実体験することが、正しい典礼となる筈です。

「Iテモ」2：5 神は唯一であり、神と人々との間の仲介者もまた唯一であって、それは人としてのキリスト・イエスです。

「ヘブル」8：6 しかし今、キリストはさらにすぐれた聖職を得られました。それは彼が、より良い約束に基づいて結ばれたより良い契約の仲介者でもあるからです。

「ヘブル」9：15 こういう理由で、キリストは新しい契約の仲介者です（後略）。

同意節「ヘブル」12：24。

そして神様は、イエス・キリストを救い主と信じるクリスチャンを「第2の義＝神の義

（私の目には、あなたは高価で尊い）」と評価してくれて、イエス・キリストがサタンから取り戻した地上の支配権［イエスの名（に集約された権威）］をクリスチャンに与え、**神の子としての権威をくださり、クリスチャンがこの地上で、［イエス・キリストの代理者］として神の御心（サタンの仕業を打ち砕く）を行う**ようにされたのです。

このキリスト教の真理を、主イエスは異邦人への伝道者となる使徒パウロに、ダマスコへの途上で、直接語りかけて教えました（「使徒」26：12〜23節、「使徒」9：1〜18節）。

「使徒」26：15（前略）。すると彼は言った、『わたしはイエスで、あなたがたが迫害している者である（著者注：サウロ、後のパウロはイエス自身の声を聞いた）。

26：18 それは彼らの目を開いて、暗やみから光に、サタンの霊の下から神に立ち返らせ、彼らが罪の赦しを受けることで、**わたし**（イエス）を信じる信仰によって聖なるものとされた人々の間で、天の相続権を得るためである』

26：19（前略）。私は、この**天からの啓示**（イエスの指示）に従いました。

神様の御心とは、創造の初めの時《「創世記」1：31神がお造りになったすべてのものをご覧になった。それらは非常に良かった》のように、再びすべてが神様の秩序の中にあって、美しい存在であるように、生まれ変わった人＝クリスチャンがこの**地上の支配者**として、与えられた権威を行使するようにさせる（エデンを受け継がせる）ことなのです。

それはまた、旧約聖書創世記3章で定められた、神様とサタンとの「霊の戦い」の結果として、**人間がサタンに勝ち続けなければならない**ことであるので、主イエスはパウロに、「キリスト教として宣教する」ことを命じられたのです。

その手段が新しい「**血の契約**」であり、それは論理的にクリスチャンとは、イエス・キリストの血が自分の身体に流れる者［イエス・キリストの分身］になったのだから、主イエスの働きをするのが当然の義務となっています。

契約であるからには「人の契約の義務＝サタンの仕業を打ち砕くことを絶対にしなくてはならない」のです。

キリスト教は「血の契約」をベースにして、神様と人との関係が成立しているので、それは「ビジネス」として捉えた方がより正しい受け止め方です。

なぜなら、しなければならないことが明確に指示されていて、しかもその結果（勝利と祝福）まで、きちんと約束されているからです。

単なる心の拠り所である他宗教との違いが、「契約だからである」ことを肝に命じていなければなりません。

それなのに多くの教会での祈りの内容が困った時の神頼みで、泣き言を並べてただ「神様に委ねます」と言っていて、自分では何もしようとしていません。

「祈り」の概念が、神様にすべてを頼み込む「おんぶに抱っこ」であるかのように、信仰に入った時に、礼拝説教などで刷り込まれてしまっているからです。

これは、旧約時代のイスラエル人が取った「神のしもべ」の態度であり、現在の新約時代に神様が求めるクリスチャンのありようとは全く逆の姿勢であり、このような祈りが現代において聞き届けられることは稀です。

それは「**生まれ変わる**」ことの本質が捉えられていないからですが、その大きな要因の一つが、日本の多くの教会で、「水のバプテスマ」で生まれ変わったとしていて、「悔い改め」の段階(第1の義)でストップしてしまい、「血の契約」に基づく正しいキリスト教(第

2、第3の義)を行っていないからだといえます。

現代の私たちは、「主イエスの名によるバプテスマ」によらなければ、「生まれ変わり」をしたとはいえません。そしてさらに「聖霊のバプテスマ」をも受けていなくてはならないのです。

*「**悔い改め**」と「**信仰に入る**」こととは、**全く別次元の霊性の取り扱いであると**知らなくてはなりません。「**悔い改め**」は自分の過去との決別であり、あくまでその人個人の問題です。一方、「**信仰に入る**」のは、神様・主イエスとの「**関係性の構築**」として、**2者間の認識の一致**のことです。

ここで横道にそれますが、「水のバプテスマ」を聖礼典としていることの間違いを述べます。「**生まれ変わり**」の本質は、「今までの自分」という人格が「死んでいなくなり」、「救い=[天の権威を行使できる立場]を得た新しい人格」になることですが、この霊的変化は、「水のバプテスマ(悔い改め)」では得られないからです。

「**生まれ変わった**」ことの根拠は、「イエス・キリストとの血の契約」によって、自分の身体の中に「**イエス・キリストの血が混じって流れる**」**霊的身体になったから**であり、それが「古い人は死んで（正しくは生きていても存在しなくなる）」「そして新しい人格は〔主イエス／私〕という、〔天国に国籍を持つ者〕となる論理とともに、キリスト教の真理なのです。

しかしパプテスマのヨハネが行った「水のバプテスマ」は、「悔い改め」が目的でした。そして水をくぐるという行為によって成し遂げられた実態は、「生まれ変わった」ことではないのです。その人の自意識の中で「罪」の部分がなくなっただけであり、その人自身の〔自我／存在〕がなくなったと自覚できるものではありません。

あくまで自分は「悔い改めて」〔清く改まった自分〕として認識するのです。「死んで生まれ変わることの仮想**体験**」としては、存在理由があるでしょうが、その人の「イエスを信じて生まれ変わる信仰」の**根拠にはなり得ない**のです。だから「水のバプテスマ」で「生まれ変わって信仰者になった」と捉えることが、正しくないのです。

一方「血の契約」では、その契約を交わした2人の元々の人格は、それぞれに**互いの血**

が混じり合って流れる「第3の人格」同士になるのだから、契約を交わす前の2人は「契約上存在しなくなった」のです。

この論理的正当性によって、血の契約者は「第3の人格に生まれ変わる」ことが当たり前の事実として認識できるし、そのように行動しなければならない義務が生じるのです。

そうすると、聖書が「古い人は死んで新しく生まれ変わる」ことを、多くの書で教えているのは「水のバプテスマ」ではなく、「血の契約による霊の立場の変化」であるというのが明確にされてきます。

だから、自分の信仰の根拠を「水のバプテスマです」と言っても、それは霊的に正しくないパラプトーマ（間違ったことを正しいと思い込んでいる過ち）であり、サタンに攻撃の足掛かりを与えてしまうのです。

本来なら、「ローマ」10：9~10節の信仰告白で救われた時、「イエスの名によるバプテスマ」を受けるのですが、日本では教会そのものが「水のバプテスマ」が信仰公認だと誤解していて、さらに同時に「聖霊のバプテスマ」を受けられるとして、洗礼式を行っています。

水のバプテスマは、割礼を受けたユダヤ人が悔い改めるためのものであって、生まれ変わりではないのに、2000年来のしきたりとして、教会が「その個人の信仰を公認する儀式」にすり変わってしまい、そして教会員になるための手続きと化しています。

この事実を霊的に解析すると、日本人が必要とするのは、「原罪が赦されて「第1の義」になっていることを**知らない**」という、「**知識のなさを悔い改める**」ことです。

この意味ならば、「水のバプテスマ」の存在が正当となります。「信じて救われたこと・第2の義」の意義を、「**霊的な格差として論理的に正しく理解できる**」からです。

しかしあくまで、「水のバプテスマ」は「悔い改め」だけの結果であり、「信じて救われる」ことではないのをしっかり区別しなければなりません。さらに言うなら、新約聖書では異邦人に「水のバプテスマ」を要求していないのです。

第4章
血の契約とは

それでは、神様・主イエスと契約を結ぶという、キリスト教での実際の契約とは何でしょうか。

神様が人に対して求めているのは、「**血の契約**」であって、この契約は一旦交わされると、互いに相手の血が自分の身体に流れ合うので、**本当の親子以上に親密な関係になる**のです。つまり、**それまでの自分ではなくなり、今まで存在していなかった「主イエス＋私」という「過去のない新しい人格に生まれ変わる」**のであり、すべての人が次の言葉で教えられてきたことです。この**霊的概念**を自分の思考・行動に具現化しなければなりません。

「**IIコリ」5：17**ですから、だれでもキリストのうちにあるなら、その人は新しく造られた者です。古いものは過ぎ去り、すべてが新しくなったのです（同意節、「エペソ」4：22～24、「コロサ」3：9、10）。

しかし、日本ではキリスト教が「血の契約」であるとの根本論理が無視されてきたので、「新しい人」が契約の義務として**どんな行動を取らねばならないか**、が知らされていません。つまり信仰の本質が「**空念仏**」で終わっているのです。

契約とは、互いに祝福となる結果を与え合う交換条件の実行です。それを具体的に分解してみると、相手方の要望（してほしいと願っていること）を、他方が実現させる動きを取ることです。これが「契約の義務」として双方が果たすべき責務となります。

しかし、「血の契約」ではそれが責務とはならず、「**自分から喜んでする自分のための努力**」として捉えるべき内容になるのです。それはなぜなのでしょうか？

この論理を詳しく説明するため、A、Bという2人が、血の契約を交わした例を述べます。

この時、「血の契約」の当事者A、B同士には、それぞれ**相手方の血が混じって流れる**ので、Aは「A＋B」という新しい人格になり、Bは同時に「B＋A」という人に生まれ変わることになります。その結果、**Aにとって、「相手方Bの要望は、ABとなった自分自身の叶えたい要望になる」**のです。Bにとってもこの条件は同じです。

双方とも**新しい人格**ABとBAになっており、
「血の契約」では、「**古い人AとBは、もはや存在しない**」のです。

この点が一般の契約と**決定的に異なるポイント**です。契約の相手となる人物が自分自身に同化するから、過去の自我を持つ個人はもはやいなくなり、お互いの義務であったことが、それぞれ自分がしたい願望に変化するのです。

そして、ABとなったAが「Aとしては実現できない要望」を持った時、もしそれが他方のB（BA）ができるのであれば、Aの血は、新しい人格BAになったBの中にも流れているので、その要望は当然B自身（BA）のなすべき行動に変わり、しかも喜んですることになります。それは、BAの身体の中のAの血が、そうしてくれと要求してくるからです。

現実的に個別の人間AとBとは生きているけれども、この二人の間では「同一人格」といってよい、ABとBAとしか認識できない存在になっているのです。この関係性は、第3者がとやかく言っても、変わるものではありません。

これが、血の契約の義務と祝福との関係であり、互いに相手方に利益をもたらすよう相手方の求めるところを補い合う行動を取るのですが、自分の血と混ざり合って不可分となった相手方が発する内なる要求だから、それは自分のためにする行動に変わるのです。

Aがイエス・キリストであり、Bがあなたとすると、古いあなたはもはや存在せず「イ

エス・あなた」という**新しい人格になった**のであり、あなたに**内在するイエス・キリスト**が持つ「天の権能」を、**この世で使うべき者になっている**のです。

そして当然のこと、サタンに勝利する権能（聖霊）が約束されているから、サタンがもたらす苦難に「イエスの名」でチャレンジして勝利し、栄光を神様に帰すのです。

＊＊あなたの血となった主イエスが、本来行うべき霊的戦いを、あなたの身体で実行してほしいと願っています（「マルコ」16：16〜19節）。

とすれば、主イエスを内在させ共生しているクリスチャンが、「私は罪深い取るに足りないみじめな者です」とは、**口が裂けても言える筈がない**と分かります。この言葉は救いを受け取っていないことの告白だからです。

しかしほとんどの日本人はこの原理原則が分かっておらず、ましてや常識として持ち合わせていません。それは「十字架による罪の赦しと贖い」がキリスト教だと思い込まされている霊的幼児だからです。ここでは「第１の義」と「第３の義」とを区別するために、この表現を用いざるを得ません。決して個人の信仰レベルの批判ではありません。

そして「血の契約」を一般的な契約と同一視しているから、その義務を他人のためにすることと取り違えてしまっています。

この教理の事実を明らかにしましょう。

旧約時代に与えられていた、「厳守すべき義務だった律法」は、この血の契約によって、今度は「自分から進んで行う喜びのための行為」に変わったのです。この変化によって、**律法が律法として存在する意味を失った**ことになります。しかし、律法の意義（神様の意志）は血の契約によってクリスチャンの心に生き続けているから、これが新約時代に「律法が終了した」ことであり、また、「律法が全うされた（存続する）」と判断する根拠なのです。

「**マタイ**」**5：17**「私が律法や預言者を滅ぼすために来たとは思ってはならない。私は滅ぼすために来たのではなく、**成就するため**に来たのです。

「**ルカ**」**16：16**「律法と預言者はヨハネまででした。そのときから、神の国が宣べ伝えられ、皆がその中に押し入ろうとしています。

「**ローマ**」**10：4** キリストは、「**信じるすべての人にとっての義**」のための、**律法**

の終わりです（著者注：書かれた文字によるのではなく、**自発的な**愛の行動となるから）。「**ガラテ**」**5：14**なぜなら、すべての律法は、この一言で成就するからです。「あなたは隣人をあなた自身のように愛さなければならない」「**ヤコブ**」**2：8**聖書に従って、「あなたは隣人をあなた自身のように愛さなければならない」という王法を本当に果たしているならば、あなたがたの行いはりっぱです。

キリスト教の「新しく生まれ変わった人」とは、**その身体に主イエスの血が流れる人であり、主イエスがしてほしいと願うことを、今度は「自分の要求」として「自分が主イエスに成り代わって」実現させる行動をしなければならない人**なのです（第3の義の自己認識）。

クリスチャンの**霊の立場が劇的に変えられて**、「私たちの国籍は天にあります（「ピリピ」3：20節）」という証言の通りになっていて、「神の子ども」にされている〔そのように生活しなければならない〕のに、それを頭では分かっているつもりでも、しかしその本質が腑に落ちていません。入信時の教理解釈のままです。

「ガラテ」4：6 そして、あなたが息子であるゆえに、**神は**御子の霊をあなたの心に送り、**「アバ、父」と**叫ばせているのです。

4：7 ですから、あなたがたはもはや奴隷ではなく、**子です。子であるならば、**キリストによって**神の相続人となる**のです。

＊ここで少なからざる人々が、クリスチャンのこの立場を「神様の**養子**」だと捉えています。この解釈こそ、「血の契約」を理解していない証拠です。

神様が愛するわが子と認めている（「マタイ」3：17、17：5、「マルコ」9：7、「ルカ」9：35各節）**イエス・キリストの血が、自分の身体に流れている**ことは、すなわち、**「血の契約」によって自分も「神の子・実子」として神様が認めてくれることに間違いないと、**論理的な関係性によって、**その通りに認識を持たなければならない**のです。

決して養子ではないのだから、「あなたは貴重で尊い」と評価してくださる神様の言葉を素直に受け入れなければなりません。神様との正しい親子関係［イエス・キリストとの

血の繋がった兄弟姉妹」を理解せず、養子として「贖われる価値のない者です」と罪の意識（旧約聖書の立場）に留まっているなら、これこそ神様の目から見ると、不敬虔・不義とされるのです。

天の父なる神様が定めた「クリスチャンの立場」を、自分から否定しているからです。

この「血の契約」による「親子の関係性」こそ、神様が独り子イエスを空中再臨させる時、クリスチャンを「イエス・キリストの弟妹」と認め、同時に空中に携挙する真のクリスチャンを選び出す選定要件なのです。

その時の様子を、聖書は次のように説明しています。

「Ｉテサ」４：16 すなわち**主ご自身**が大声を上げて、御使いのかしらの声と**神**のラッパの響きのうちに、天から降ってこられます。そして、**キリスト**にあって死んだ人々がまず初めによみがえります。４：17 それから、まだ〈地上に〉生き残っている私たちが、空中で**主**と会うために、〈よみがえった死人たちといっしょに〉**雲の中に引き上げられ**、こうして私たちは、いつでも〈永遠から永遠にわたって〉**主**とともにいるのです。

「Iコリ」5：51 よく聞きなさい。私はあなたに奥義〈秘められた真理〉を知らせます。私たちは眠りにつく（死ぬ）のではなく、私たちはみな（霊の身体に）変えられるのです。5：52 それは最後のラッパの音が鳴り響くとともに、一瞬のうちに、瞬く間に。ラッパが鳴ると、死者は朽ちることなくよみがえり、私たちも変えられるのです。

＊この預言によると、私たち人間にとって知り得ないタイミングに、突然ラッパの響きが聞こえた瞬間に、「霊の身体に変えられる」のが分かります。そして「天に引き上げられる」ので、この世から第3の義のクリスチャンが消え去るのです。人間としての「肉体の死」を認識する暇もなく、気付いたら「霊の身体」になっているのです。そして「霊の身体」だから**時空間の制約を受けません**。

「ヨハネ」11：25 イエスは彼女に言われた、「わたしは復活であり、命です。わたしを信じる者は、たとえ死んでも、（その人の霊は）生きます。11：26 また、生きていてわたしを信じる者は、（霊の繋がりがあるので）決して死ぬことがありません。あなたはこのことを信じますか」（著者注：「空中再臨」では、生きている自我の時に、瞬間的に「霊の身体」に変えられるので、**死んだという認識になりません**。「血の契約」という論理的手段による、必然的な出来事です）

「霊の身体」に変えられるのは**奇跡**であって、この世の物理法則では説明できない現象です。

主イエスの復活を例に取ると、「実際に目に見える容姿」でありながら、締め切った扉をすり抜けて弟子たちの前に現れました。そして出された焼き魚を食べて、「実存を証明して」います。そしてそれが「復活して天に上げられる身体」なのです。

「携挙」とは、この主イエスの先例が「第3の義のあなた」に適用されることです。

そしてその選別条件は、「**主イエスの血があなたに流れていること**」です。

あなたがこの奇跡が自分に起きることを求めるなら、「信じる根拠が何であるか」、もうお分かりですね**？**

そしてこの**突発性**が意味することは、私たちクリスチャンが〔空中再臨がいつ起こってもよいように〕、常日頃からキチンと〈神様との霊的関係性を、信仰の根拠にしていなければならない〉**心の準備の重要性**です。

この空中再臨という「あっという間の出来事」が起きる時に、直ちに（自動的に）携挙されるには、事前に**【霊的準備が完了していなくてはならない】**ことは、いうまでもないことです。

その必須要件が、**「血の契約」**による**《主イエスの弟妹》**としての、**霊の血縁関係が成立している**ことです。

しかし神様の性質では、人の自由意志を（信仰として）受け入れるのだから、クリスチャンが「血の契約」を確かな論拠として、「自分の信仰告白」を普段から口にしている必要があります。それは一般的宗教概念である［憐れみにすがって、助けを乞い願うこと］ではありません。

相互の祝福義務の確認であり、「神の陣営に所属する者」としての自己認識を、《臆することなく述べ立てる》論理性（大胆に神様の前に進み出る霊的立場）の知識です。

「霊の関係性を告白して」いなければ、その人は地上に置かれたままです。不信仰者たちは当然のこと、クリスチャンと自認する人々であっても、ラッパの音を聞いてから、あわてて信仰告白し直しているようなら、「時すでに遅し」です。

ですから一刻も早く、「血の契約」をご自分の信仰の根拠に置き換え、自己認識を「第3の義」に切り変えることを、強くお勧めします。

ではこの携挙を逃したらどうなるのでしょうか？　クリスチャンであっても、「第2の義」に留まるなら、地上に残される恐れが多分にありますが、しかしこの時、神様は選定要件に洩れた人々のその考え（信仰根拠）を強制的に変えてまで、「天国人」と認めることをしません。

その人の自由意志を尊重されるので、神様は悲しみながらも患難期の間中、じっと「本人の意識改革」とを待っておられるのです（「黙示」6：11節）。

そして地上に残された人々や自称クリスチャンは、死んだのち、最後の審判の時に霊がよみがえって、「裁きの座」で裁かれることになります。《何を信じているかの自己認識の違い》によって、「義」の立場がここまで違ってくるのです。

自由意志の結果ですから、ここで「主イエスにすがりついても」どうにもなりません。「救霊の方程式」に従った言動しか、「義と認め」られません。「義についての**正しい知識」がいかに重要であるか**が分かります。

キリスト教の根本は、イエス・キリストとの「**血の契約**」で「**不可分の関係に成る**」のであり、それは任侠映画等で見られる「**兄弟分の契り」と同じ**です。

これがクリスチャンが持つべき「第3の義」の認識です。何を言いたいかというと、

1．互いの身体に相手の血が流れている契約者同士は、死ぬまで契約関係を解消できないのであり、逆に言えば、本人が死ななければその人から契約関係を切ることができません。それは血すなわち命を懸けた契約だからです。

そして契約者同士は、その「**契約内容の実行**に関して」、2人の「**一心同体者**」になるのです。

2．この関係の時、互いに、相手が「してほしい」と望んでくるなら、それが「契約の義務」となりますが、しかし相手のために行動しなければならないのではなく、自分の望みをかなえるための行動となるのです。自分の身体に相手の血が流れているからです。

3．さらに一方が死ぬと、残された者は死んだ相手の身代わりを（死んだ者がすべきだったことを、彼自身のようになって）自分の義務としてするのです。残された者の身体に死んだ相手の血がまだ流れているからです。

外見的に代理者・代行者という立場に見えても、本質は「**死んだ人の分身**」となって、残された者は「血として自分の中に生きている契約相手」の**願望を実行**するのです。

クリスチャンに当てはめるなら、神様が定めた「血の契約」の規則によって、「**法的に保証された立場**」「**行う責任がある立場**」なので、「十字架で死んだ**イエス・キリストの分身**」**として、サタン・悪霊に勝利する行動に出なければなりません。**

これが「血の契約」であり、**普通の契約とは全く異なる「契約の義務関係」**です。

普通の契約なら、相手が死ねばそこで「契約終了」であり、その義務関係は終了しますが、しかしキリスト教は、この3つのポイントを常識としていかなければなりません。

つまり、主イエスと交わした「血の契約」の義務として、クリスチャンは自分が死ぬまで、**自分の身体に流れる主イエスの血が語る**「**主の指示**」を、**自分の要求として、しかもイエス・キリストの権威で実行しなければならない**のです。

「**ヘブル**」**10：14** キリストは聖なるものとされる人々を、一つのささげ物（著者注：彼の血）によって、永遠に全うされたのです。**10：15** しかし、聖霊もまた、わたしたちのために証しししています。**10：16** **主**は言われる、「これがそれらの日以後に**私が彼らと交わす契約**である。わたしは、わたしの律法を彼らの心に入れ、彼らの心にそれを書き記す」**10：17** そして、「わたしは、もはや決して彼らの罪と不法とを思い出さない」と付け加えられました。**10：18** さて、これらの赦しがあるところでは、もはや罪のための供え物は無用です。**10：19** ですから、兄弟たち。私たちは、**イエスの血によって**、大胆に至聖所にはいることができるのです（著者注：至聖所とは、ユダヤ教神殿の中心にある神の在所幕屋）。

こういうわけ、とは、「**契約**」であり、その中身は「わたしの律法を彼らの心に置き、彼らの思いに書きつける」ことです。

そしてその手段は「**イエスの血によって**」と書かれています。

この「ヘブル書」を軽く読むと、イエス・キリストの「血の贖い（十字架の死）」によって、私たちの「罪が赦された」ことしか書かれていないと見えますが、「**至聖所**」に**入る（神様との交わりをする）**には、「**よみがえられたイエスを主とする**「**信仰**」」がなければならないのであって、それは「**血の契約**」**を交わしていなければ実現できることではありません。**

だからここで、「イエスの血によって、大胆に至聖所に入ることができる」と書かれている真実は、「**信仰＝血の契約**」のことであって、十字架で流された血（贖罪）以上のものので、よみがえった後に天で仲介者として働かれる血（永遠のいのち）を受けているのだと理解しなければならない奥義なのです。

＊＊「**血の契約**」においては、クリスチャンは契約の相手である主イエスを、「天で**生きている主**」と、「十字架で**死んだ主**」の２通りに、厳密に**霊的役割を分別して理解**しなければなりません。聖餐式の「**杯**」には、主イエスの「**生**」と「**死**」双方の意義が含まれています。

第5章

血の契約の実態

それでは現代のクリスチャンは、**生きている者同士が交わせる「血の契約」**を、天にいる主イエスとどのように交わすのでしょうか？

私たちは主イエスが天で生きていることを信じていますが、地上のクリスチャンは、どのようにすれば「天の主イエスと血の契約を交わした間柄」を確立できるのでしょうか？

キリスト教は「生きている者の救い」ですから、生きている主イエスの霊とクリスチャンの霊との交わりの中にこそ、本質を見つけなければなりません。

それはただ「**信じること**」だけです。

《しかしその「信じる」中身を霊的に一新させなければなりません。》

それは「**生きている者同士の関係性**」を見つけ出すことであり、すなわち「十字架の死による罪の赦し《神様からの**一方的な憐れみ**の結果》を、信仰の根拠としている霊的幼児」から卒業することです（決して十字架を否定しているのではありません。さらに奥義を捉えることを述べています）。

この論点から、現在のキリスト教の姿勢を調べると、次の推論が成り立ちます。

・人間とは、天にいるイエス・キリスト（霊）と、文字通り天地の落差があるのだから、（血の）契約を交わせる間柄ではない。契約を根拠とせず、頼りすがる謙遜な態度が信仰であるとする、「憐れみ論」です。契約論を否定し、「十字架の死で贖われている」ことに留まり、初歩の教えに留まっている表層的な知識。

・「十字架の死を信じて贖われている」ことを「契約として」拡大解釈する。神様の人の霊の取り扱い「義の3段階」を知らないゆえの、勘違い解釈です。契約内容を勝手に拡大解釈しているなら、その立場は必ず最後には破綻します。

いずれもクリスチャンとの関わり方として、主イエスが今生きている事実を教理にしていません。言いたいことは《**天で生きていることによって、**「**今現実に血の契約を交わせる相手**」**であることを理解していない霊性／理性**》のことです。

> ＊信仰とは、【天における三一性の霊と、人の霊との「霊の関係性の構築」】なのだから、あくまで「霊の取り扱い」を定規にして解釈しなければなりません。

まず生前の主イエスの言行を、「マタイ」、「マルコ」、「ルカ」の3福音書から調べましょう。「人の子」として生まれたイエス・キリストは、文字通り生きていた人間です。

主イエスと11弟子との血の契約

「マタイ」**26：26** そしてまた、彼らが食事をしている時、イエスは**パン**を取り、祝福してこれを裂き、弟子たちに与えて言われた。「取って食べなさい。これは**わたしのからだ**です」

このパンは、翌日午後3時に十字架で（過ぎ越しの羊として）ほふられるイエスの身体の象徴です。だからクリスチャンにとって、聖餐式が「過越しの祭り（羊を食べること）=裁きを過ぎ越される（罪の赦し）の根拠」の儀式になります。十字架によってこのユダヤ教の存在目的は完了しました。

26：27 それから、**杯**を取って感謝し、それを彼らに与えて言われた、「あなたがたは皆、**これを飲みなさい。26：28** これは罪の赦しのために多くの人のために流される**新しい契約への私の血**です」

「罪の赦し」はイエスの磔刑による死（の血）で達成されますが、それは翌日のことです。ここでの「**血**」の意味は、文字通り「**血の契約**」のことです。

「**マルコ**」**14：22** それから、彼らが食事をしている時、イエスは**パン**を取り、祝福してこれを裂き、彼らに与えて言われた。「取りなさい、食べなさい。これは**わたしのからだ**です」**14：23** それから主は、**杯**を取り、感謝をささげてから彼らに与えたので、彼らはみなその杯を飲んだ。**14：24** そしてイエスは彼らに言われた。「これは多くの人のために流される**新しい契約の私の血**です。

「**ルカ**」**22：19** それから主は、**パン**を取り、感謝をささげてから、それを裂いて、弟子たちに与えて言われた。「これは、あなたがたのために与えられた、**わたしのからだ**です。わたしを覚えてこれを行いなさい」**22：20** 同様に、食事の後、杯も同じようにして言われた。「この杯は、あなたがたのために流される、**私の血による新しい契約**です」

３人の福音書記者は揃って、主イエスが「**聖別した杯**（ぶどう酒）」は、「**血の契約**」の

「血（の象徴）」であると宣言したことを書いています。そしてさらにパウロが、「血による契約を交わしたこと」を忘れないために、「記念として行いなさい」と指示しています。現代クリスチャンが、信仰で受ける聖餐式の杯が「血の契約」の象徴です。

「Ｉコリ」11：23私（パウロ）は**主から受け**取ったことを、あなたがたに伝えたのです。すなわち、主イエスが裏切られたその夜、パンを取り（食べた）ということです。**11：24**感謝をささげてから、それを裂き、こう言われました。「取って、食べなさい。これはあなたがたのために裂かれる、わたしのからだです。**わたしを覚えて、これを行いなさい**」**11：25**同じように、夕食の後、杯を取って言われた。「この杯は、わたしの**血による新しい契約**です。これを飲むたびに、**わたしを覚えて、これを行いなさい**」**11：26**ですから、あなたがたは、このパンを食べ、この杯を飲むたびに、主が来られるまで、主の死（著者注：によって「第**1**～第**3**の義」にされていること）を宣言することになるのです。

プロテスタント教派では、パウロがこれを「死＝十字架で流した血」だと定義付けたかのように解釈された、聖餐式の式辞が読み上げられますが、元来、生きていた**《主イエス**

が、「**血の契約**」**と言っているのだから、**それを**忘れないための典礼**》を第一解釈とすべきです。

主イエスが十字架に付けられたのは、翌日の出来事なので、最後の晩餐での発言の意味は、現代の私たちが「**象徴として行う血の契約**」を示したものです。

従ってこの杯（血）の意味は、「十字架の死で贖った生命の**象徴**」である以前に、「**血の契約の成立**＝信仰に対する**恵みの確約**」**を保証する**ものです。

つまり、生きている主イエスとの関係性を再確認することです。しかし聖餐式の式辞が、「主の死を告げ知らせる」と告知しているのは、［表面的解釈］の結果です。

パウロが「主の死を告げ知らせる」と書いた本旨は、次章「聖餐式の本質」で詳述します。

●**パンと杯**を「口に入れる」ことが、すなわち2者が一体になることの**象徴の儀式**であり、主イエスとクリスチャンとが**霊的に一体化**して、「神様・主イエスとの切っても切れない**絶対的な関係性の確立**」を自他ともに宣言することなのです。

これこそユダヤ人ばかりでなく、全世界の人々（異邦人）が「**信じて救われる**」ために、神様が準備した新しい救霊段階（第2の義）です。

「血の契約」を結べば、主イエスとクリスチャンとが「**切ろうにも切れない絶対的な霊の関係性**」が成立します。なぜなら、**お互いの血が相手の身体に流れ合って**、その一度混ざり合った二人の血は、二度と分離できないので、そのクリスチャンが死ななければ終了しない**血縁関係になる**からです。否、死んでもその子孫にまで祝福が及ぶ契約です。

これが神の家族、すなわち「天の父なる神様、長兄イエス、弟妹クリスチャン」となる法的根拠です。だから天の祝福を「当然のように」受け取る霊的立場になります。この「**契約によって関係性を成立させた**」**とする自己認識こそが、自分の信仰の根拠**です。自分で自分を奮い立たせる必然性が現れるからです。

それとは逆に「主イエスに頼りすがる」という「主体性の欠如」が、神様の意志にそぐわない態度（自分から霊性を発揮しない初心者レベル）であり、最終的には「なまぬるい信仰として口から吐き出される」扱いを受けるでしょう（「黙示録」3：14〜19節）。

クリスチャンとして**義を貫く**なら、自分の意志で契約を結んだとする自意識を持たなければなりません。なぜなら「契約には義務が伴う」からであり、クリスチャンとして神様・主イエスに、栄光を帰す働きを「信仰の行い」として果たす義務を、明確に知る必要があるからです。

「血の契約」を信仰根拠に据えると、「**聖霊のバプテスマ**」をやすやすと受けることができます。地上で**主イエスと霊的同位体になる**のだから、**三一性の真理によって神の宮となり**、**聖霊が当然にクリスチャンの身体に留まらなければならない**からです。

この論理性に従って聖霊を求めてください。これが第3の義の段階です。そして奇跡といわれる結果を生み出す信仰に成長するのです。

この自意識が「新しく生まれ変わる」ことであり、過去のない新しい人に「バプテスマ(染めかえられる)」事実です。ここには「罪人意識」があってはなりません。

そのためには、次に「契約の諸要素」を知っておかなくてはなりません。

第6章

聖餐式の本質

人類救済計画のスタートとして、神様はアブラハムの信仰態度を受け入れて、彼と契約を交わし、その証拠として「**割礼を受けさせ**」ました。この「**血を流した契約**」が**祝福を受け取る条件として、「永遠に定められ引き継がれている」**のです。

全人類は今でも、この時の〔**全能の神の契約**〕には従わなければならない立場に置かれています。この「神様が定めた永遠の条件」をキリスト・イエスが全うして、**信じる者を〔血の契約を交わした義人〕と認めて、**《肉の割礼の存在意義を終了》させました。

現代の信仰者は「**パンと杯による聖餐式**」が、「**血の契約**」**の根拠**です。

そしてクリスチャンは、御言葉を学ぶことで「聖霊が与えられる霊の段階」に引き上げられるので、主イエスの期待に応えて「聖霊を求めなければ」なりません。

そのために神様は、ユダヤ教で要求していた肉体での実際の割礼ではなく、新しく「主イエスとの**血の契約**」を、聖餐式の「**パンと杯**」で〔**象徴として**〕行わせているのです。

これは「憐れみを感謝する儀式」ではなく、「**契約を結ぶ／結んだことの再確認**」です。

パンの意義

「ルカ」22：19 それから主は、**パン**を取り、感謝をささげてから、それを裂いて、弟子たちに与えて言われた。「これは、あなたがたのために与えられた、**わたしのからだ**です。わたしを覚えてこれを行いなさい」

このパンの**1**つ目の意味は、旧約聖書での「過越しの**羊**」**と同じ役割**として、全人類の「罪の贖い」を象徴するのです。従って「4福音書」に書かれた、最後の晩餐といわれるこの食事の記述は、実際のユダヤ教の「過越しの祭り（金曜日）の日」ではなく、その前日の木曜日の夕食で〔**主イエスが主催した、自分自身を羊とする**「**過越しの儀式**」〕です。

このように主イエスは、《**神様との霊の関係性**について、キリストを信じること》が「新しい信仰」であることの宣言をし、**彼の権威でユダヤ教の過越しを終わらせたのです。**

そして翌金曜日のユダヤ教の過越しの祭り日に、その規定通りに午後3時（羊がほふられる時間）に、十字架の上で「完了した」と叫んで息を引き取りました。

ここでユダヤ教（**律法**）**の時代BC**が終わり、**キリスト**（聖霊の働き）**の時代AD**に入るのです。

尚、4福音書の記述で、日付の数え方で整合できないとみられる箇所がありますが、当時のユダヤ教の祭りの規定、律法、ヘブル語の原意を定規とすれば矛盾となりません。

2つ目として現在の聖餐式でのパンの意味は、**《イエス・キリストを救い主と信じる者であることを、公式に明らかにする》**手続きです。

このパンを食べることによってのみ、次の**杯を受ける段階に進める**のです。

この解釈の根拠は、「ヨハネ」6：29〜66節の、主イエスの「いのちのパンの例え」の実現だからです。イエス・キリストへの信仰を「パンを食べること」に例えた結果、多くの信者が離れ去り、**心から信じる者だけが残った**と書かれています。

真の信仰者だけを選び出す「選別」だったのです。この結果残った12弟子と「最後の晩餐」をしています。

長くなりますが、その経緯を引用します。主イエスの意図を霊的に解釈しなければならないので、熟読してください（「ヨハネの福音書」6章）。

「ヨハネ」6：47「わたしはあなたがたに断言して言います。信じる者は永遠のいのちを持ちます。
6：48 わたしはいのちのパンです。
6：49 あなたがたの父祖は荒野でマナを食べたが、死にました。
6：50 しかし、これは天から下ってきたパンであり、人はこれを食べたら死ぬことはないのです」
6：51「わたしは、天から下ってきた生けるパンです。だれでもこのパンを食べるならば、その人は永遠に生きます。わたしが与えるパンは、わたしの肉であり、世の中の命のために与えるものです」
6：52 そこでユダヤ人たちは、自分たちの間で言い争って「この方は、どのようにしてその肉を私たちに与えて食べさせられるのか」と言った。
6：53 そこで、イエスは彼らに言われた。「最も確かなことを、あなたがたに言う。人の子の肉を食べ、またその血を飲まなければ、あなたがたの内に、いのちはありません。
6：54 誰でもわたしの肉を食べ、わたしの血を飲む者は、永遠のいのちを持っているので、わたしは終わりの日にその人をよみがえらせます。

6：55 わたしの肉は確かな食べ物であり、わたしの血は確かな飲み物だからです。
6：56 わたしの肉を食べ、わたしの血を飲む者は、わたしの中に留まり、わたしも彼の中に留まります。
6：57 生きておられる父がわたしをお遣わしになり、わたしが父のゆえに生きているように、わたしを糧とする者は私のゆえに生きるのです（著者注：霊の世界の真実を語っています）。
6：5 これは天から下ってきたパンです。あなたがたの先祖が食べて死んだマナのようなものではありません。このパンを食べる者は永遠に生きます」
6：59 これらのことは、イエスがカペナウムで教えられた時、会堂で話されたこと（著者注：聞くには聞くが悟れない真理）である。
6：60 そこで、多くの弟子たちは、これを聞いて言った。「これは難しいことを言っている。だれがそれを理解できるのか？（著者注：離れ去った者の証言です）
6：61 イエスは、弟子たちがこのことについて不平を言っていることを御自分で知ると、彼らに向かって言った。「このことであなたがたはつまずくのか。
6：62 それでは、もし人の子がもといた所（天）に昇るのを見たら、どうするか？

6：63 いのちを与えるのは御霊であり、肉は何も生み出さない。わたしがあなたがたに話す言葉は、霊であり、またいのちです。
6：64「しかし あなた方の中には 信じない者も幾人かいる」イエスは、信じない者がだれであるか、そして自分を裏切る者がだれであるかを、初めから知っておられたからです。
6：65 そしてイエスは言われた。「それゆえ、わたしはあなたがたに、『わたしの父から与えられない限り、だれもわたしのところに来ることはできない』と言ったのです」
6：66 その時から、多くの弟子たちが離れていき、もう彼とは一緒に歩かないようになった（著者注：キリスト信仰への試練／霊的ふるい分けの結果が出ました）。
6：67 そこで、イエスは12弟子に言われた。「あなたがたも、出て行きたいのですか」
6：68 しかし、シモン・ペテロは彼に答えた。「主よ、わたしたちはだれのところへ行けばよいのでしょうか。あなたは永遠の命の言葉を持っておられます」
6：69「また私たちは、あなたが生ける神の子キリストであること知り、信じるようになりました」

6：70 イエスは彼らに答えられた。「わたしがあなたがた12人を選んだのです。しかしそのうちの一人は悪魔です」

「ヨハネの福音書」6章の記述は、5千人の給食「5つのパンと2匹の魚」の奇跡に始まって、弟子イスカリオテのユダの脱落予告で終わっています。これは「弟子の霊的訓練」と、「真の信仰者の絞り込み／選り分け」を記録したものです。

そこで残った**本当の信仰者のみを直弟子**とし、最終的に「**血の契約を交わすため**」に、厳しい選抜テストを行ったのです。

ここまでの記述の通り、多くの信者たちが抜け落ち、かなりの弟子たちもイエスの元を離れ去りました。この霊的必然性は、これからキリスト教を布教していくためには、「真の信仰者」だけを集めなければならないからです。

こうして主イエスが必要とした「真の信仰者」の**霊の選抜**は、

①「これ（わたしイエス）は**天から下ってきたパン**です」

②「わたしが与えようとする**パン**は、世のいのちのための、**わたしの肉**です」

③「**わたしの肉を食べ、わたしの血を飲む者は、永遠のいのちを持っています**」

という、世の常識で受け入れられない言葉によって、それを**霊的感性で理解した信仰者のみとサタン**が選び出されたのです。それが**12弟子**でした。

「ヨハネ」6：70 イエスは彼らに答えられた。「わたしがあなたがた12人を〔著者注：**霊性に優れた信仰者と見て**〕選んだのです。しかしそのうちの一人は悪魔です」

●最後の晩餐で、主イエスが「これはわたしのからだです。」と言ってパンを裂いた時、脱落したユダを除く11弟子は、「ヨハネ」6：47～58節の「カペナウムの会堂で話されたことば」を思い出したに違いありません。そしてあの時の「**パンの例え**」は**このこと**（**真の信仰者の選別**）だったのかと、納得できました。

主イエスは真の信者を選び出したのち、「パンを裂いて食べさせ」、さらに、杯を「わたしの血による新しい契約です」と差し出したので、彼らは主イエスとの「血の契約」を交わしました。

パンを食べることが象徴する「主イエスの霊性とその働きを**信じること**」によって、「血の契約」を交わす**必要要件**（真実の信仰）**を満たす**ことになり、次に主イエスの**血を象徴**する**杯**を交わして、実際に主イエスとの「**血の契約**」**が成立し**、「**霊の関係性が一体化**（確立）」**したこと**を体験したのです。この事実こそ、絶対に揺るがない「**信仰の根拠**」になりました。

現代キリスト教においては、聖餐式の「**パン**を口に入れる意味」は、「主イエスの過越し（罪の赦し）」よりも、むしろ主イエスが例えた言葉通り、「《主イエスは**天から下った神の子である**》**と信じる**ことの証し」として認識するのが適切（成長に合わせた知識）です。

イエスの血が「契約」であることの本人証言

「マタイ」26：27 それから、**杯**を取って感謝し、それを彼らに与えて言われた。「あなたがたはみな、**これを飲みなさい**」26：28「これは罪の赦しのために多くの人のた

めに流される**新しい契約への私の血**です」（著者注：「血の契約」を明言しています）

「マルコ」14：23 それから主は、**杯**を取り、感謝をささげてから彼らに与えたので、彼らはみなその**杯**を飲んだ（著者注：「血の契約」を実際に交わしました）。

14：24 そしてイエスは彼らに言われた。「これは多くの人のために流される**新しい契約の私の血**である」（著者注：「血の契約」を明言しています）

「ルカ」22：20 同様に、食事の後、杯も同じようにして言われた。「この**杯**は、あなたがたのために流される**私の血による新しい契約**です」（著者注：「血の契約」を明言しています）

3つの福音書は一致して、主イエスが「**聖別した杯**（ぶどう酒）」は、「**血の契約**」の「**血（の象徴）**」であると書いています。そしてパウロは現代における「信仰で受ける聖餐式の**杯**」が**血の契約の象徴なので**、「主イエスと血による契約を交わしたこと」をバーチャル体験するよう指示しています。

単なる典礼として、形式で終わってはならない重要な「**意識付け**」なので、再掲示します。

「Ｉコリ」11：23私（パウロ）は**主から受け取った**ことを、あなたがたに伝えたのです。すなわち、主イエスが裏切られたその夜、パンを取り（食べた）ということです。11：24感謝をささげてから、それを裂き、こう言われました。「取って、食べなさい。これはあなたがたのために裂かれる、わたしのからだです。**わたしを覚えて、これを行いなさい**」11：25同じように、夕食の後、杯を取って言われた。「この杯は、わたしの**血による新しい契約**です。これを飲むたびに、**わたしを覚えて、これを行いなさい**」11：26ですから、あなたがたは、このパンを食べ、この杯を飲むたびに、**主**が来られるまで、主の死（著者注：によって「第1〜第3の義」にされていること）を宣言することになるのです。

後の神学解釈によって、パウロがこれを「死＝十字架で流した血」だと定義付けたかのような、聖餐式の式辞が読み上げられますが、元来、生きていた《**主イエスが**、「**血の契約**」**と言っている**のだから、それを**忘れないための典礼**》を第一目的とすべきです。

＊主イエスが十字架に付けられたのは、翌日の出来事なので、最後の晩餐での主の発言の意味は、現代の私たちが「**象徴として行う血の契約**」を示したものです。

礼拝典礼として《**信じて行うなら、それは象徴以上に霊的実質となります**》。

従ってこの**杯**（血）の意味は、「十字架の死で贖った生命の象徴」であるとともに、「血の**契約の成立**＝信仰に対する**恵みの確約**」**を保証する**ものです。

これこそユダヤ人ばかりでなく、全世界の人々（異邦人）が「**信じて救われる**」ために、神様が準備した新しい救霊段階（第２の義）です。「イエスの名によるバプテスマ」を受けた後に、聖餐式でパンと杯をいただくことで、クリスチャンとして「**血の契約が成立する＝心に割礼を受ける**」のです。

ここで「**心の割礼**」と言われて、ユダヤ教の「割礼」を想定してはなりません。

そもそも「割礼」は、霊的に「義とみなされ」神様と契約を結んだ者の、「血を流した証明」なのであって、人の側の「必須要件」でした。

この神様に対する「必須要件」を、イエス・キリストが全人類の代表者として、一人その身に受けて、十字架上で**血を流し**、**死によって**罪を償い、赦され贖われて、**永遠に義の保証を全う**しました。

従って新約聖書時代の今は、誰にとっても割礼は過去の遺物です。だからパウロは、「ガラテヤ人への手紙」で必死に、ガラテヤ人に〈**ユダヤ主義者からの割礼強要**を拒否させている〉のです。

このイエス・キリストの働きを信じるなら、最後の晩餐でのイエスの言葉通り、「**血の契約を結んだ者**」と認められ、それが「**心の割礼**」と表現されるのです（尚、割礼は「男性器を清潔に保つため」などと、まことしやかに説明されますが、神様が定めた本来の**霊的意味（契約のために流す血）を、全く捉えていない**風説です）。

「血の契約」を理解していない現実

日本人は文化基盤として（対立者が主張をし合って合意を探る）契約社会に生きておらず、表面的な「和」で問題なしとしています。従って「血の契約」を理性的に理解できないので、キリスト教の真理についてチンプンカンプンです。

キリスト教の根本原理は、イエス・キリストとの「血の契約」で「**不可分の関係に成る**」のだという、「霊の関係性の構築」であり、その手続きが「聖餐式」であり、すなわち「血の契約」であることです。

この真理「イエス・キリストの弟妹であり代理者」を根拠としなければ、これからの終末期に、「天国に行けること」を確信して生きる信仰にはなりません。

「契約」という概念をおさらいしましょう。

「ヘブル」10：14　キリストは聖なるものとされる（著者注：未来形）人々を、一つのささげ物（著者注：彼の血）によって、永遠に全う（霊の無原罪すなわち契約以前の第1の義）されたのです。

10：16　主は言われる、「これがそれらの日以後にわたしが彼らと交わす契約（第2の義）である。わたしは、わたしの律法を彼らの心に入れ、彼らの心にそれを書き記す」。

10：19　ですから、兄弟たち。私たちは、イエスの血によって、大胆に至聖所にはいることができる（第3の義）なのです（著者注：神様と親子の関係として、直接交わりができる）。

昔、ユダヤ教では、神殿内のまことの聖所（至聖所）に年に一度だけ、大祭司が神様と直接コンタクトするために、「生贄の血を捧げながら命懸け」で入りました。それならば今、「私たちがまことの聖所に入れる」とは、クリスチャンが**大祭司と同じ霊的立場に認められているということ**です。否、むしろさらに優れた「神様との血縁関係性」です。

だからここで、「イエスの血によって、大胆に至聖所に入ることができる」と書かれている本質は、「信仰＝血の契約」のことであって、十字架で流された血以上の意味を持っています。**「罪の赦し」レベルを超えた教え**です。

ここで「十字架で流された血」と表現しているのは、従来のキリスト教解釈であって「罪の赦し」の教理にとらわれた論理のことです。正しくは「杯に象徴されたイエスの血」です。

「神の子とされる真理」を自分のものとするには、「契約の血」でなければなりません。

しかし今の日本の教会では、「血の契約」を理解していないから、「救い」とは十字架の死による罪の贖いだ、とまでしか受け取れない**知識**（第**1**の義レベル）であり、それによって信じている**実態**は第**2**の義レベルです。

新しい契約では、イエス・キリストの血による贖いを信じ受け入れた人を、神様は、**キリストと「血の契約」を交わした対等の立場にある者で「神の義・第3の義」**として、**天にある霊的祝福を地上で現実にならせる**（目標値）ようにしてくださっています。

この神様の取り扱いは、神様が定めた法則なのだから、人には納得しがたい契約内容であっても、素直に従わなくてはならない立場であることを忘れてはなりません。

＊それは「生まれ変わり」として、「主イエスとその人」の血が混ざり合った「新しい人格・第2の義」になるのですが、このこと自体がしっかり理性の中に取り込めていません。
それは人間同志の契約では、「新しい人格」に「生まれ変わる」ことはないからです。

これに対し「血の契約」では、それまでの自分（過去を引きずった弱い私）に、イエス・キリストの血が混じり合って流れ、その人に「主イエスの霊的権能」が当たり前のものとして備わった、「過去のない新しい人」になり（**生まれ変わり**）ます。

こんな分かりきったことをあえて言うのは、教理にその実質が伴っていないからです。

日本ではキリスト教が契約であるとの基本論理が無視されてきたので、「新しい人」が契約の義務として**どんな行動を取らねばならないか**、が学ばれていません。

人間的な感覚・感情で受け入れているだけなので、御言葉の約束を理性的に納得できないでいます。

キリスト教は契約なのだから、信じる＝契約を結んだ以上、「**主イエスの要望**」を**義務として**、「サタン・悪霊に勝利すること（奇跡）」を「**できると信じて**」**自分が行動**しなければならないのです。**その第1歩を踏み出した時に**、**聖霊が働いてくださる**のです。だから、奇跡といわれる結果が実現します。

契約とは、互いに祝福となる結果を与え合う交換条件の実行です。それを具体的に分解してみると、相手方の要望（してほしいと願っていること）を他方が実現させる動きを取ることであって、これが「契約の義務」として果たすべき責務となるのです。

しかし、「血の契約」ではそれが責務とはならず、「**自分から喜んでする自分のための努力**」として捉えるべき内容になります。

それは前4章ですでに述べましたが、復習しましょう。

「血の契約」の当事者A、B同士には、それぞれ**相手方の血が混じって流れる**ので、Aは「AB」という新しい人格になり、Bは同時に「BA」という人に生まれ変わります。その結果、**「相手方Aの要望は、Bにとって、BAとなった自分自身の叶えたい要望になる」**のです。Aにとってもこの条件は同じです。

そして双方とも新しい人格ABとBAになっており、血の契約上、**「古い人A、Bはともに、もはや存在しない」**のです。

これが「古い人は死んだ」と表現される真実であり、「生まれ変わった人」は過去の自分とは全く関連のない、違う第3の**新しい人格**になりました。だから、死んだ人の自我（罪意識）を持ち続けるのは、完全な間違いなのです（湧き出る罪意識は、その都度悔い改めればよいのです）。

Aがイエス・キリストであり、Bがあなたとすると、古いあなたはもはや存在せず「イエス・あなた」という新しい人格になったのであり、あなたに血となって内在するイエス・キリストが持つ「天の権能」を、この世で使うべき者になっているのです。

そして当然のこと、サタンに勝利する約束が与えられているから、サタンがもたらす苦難に「イエスの名」でチャレンジして勝利し、栄光を神様に返すのです。

しかしほとんどの日本人はこの原理が分かっておらず、ましてや常識として持ち合わせていません。それは「血の契約」を一般的な契約と**同一視しているから**です。

それどころか、「私はイエス・キリストと契約を交わした覚えはない」とまで、声高に主張するキリスト教指導者を、筆者は身近に体験したことがあります。

このことはまた、聖餐式における「**杯**」の意味についても、ぶどう酒を飲むことが自分の身体にイエスの血を入れる「**契約の象徴**」**だと分かっていない**ことに繋がります。

それは式文の朗読で明らかであり、ただ「十字架で流された血」としか言っていないことで、「罪の赦し」のことしか頭に浮かばず、「血の契約」の観点がすっぽり抜けているのが分かります。

主イエスは、最後の晩餐の時、杯を持って間違いなく「**契約の血**」**だと宣言している**ことを、読み取らなくてはなりません。

以下の解説は、多くの教会が実行している聖餐式の、**目的**についての現在の典礼解釈

（死と追悼）を正すものです。まず主イエスの指示を「下敷き」にしなければなりません。

「**マタイ**」**26：27** それから、**杯**を取って感謝し、それを彼らに与えて言われた、「あなたがたは皆、**これを飲みなさい**。これは**わたしの契約の血**です」**26：28**「これは罪の赦しのために多くの人のために流される**新しい契約への私の血**です。罪を赦すために多くの人のために流されるものです」

「**マルコ**」**14：23** それから主は、**杯**を取り、感謝をささげてから彼らに与えたので、彼らはみなその杯を飲んだ（著者注：**血の契約の成立**）。**14：24** そしてイエスは彼らに言われた。「これは多くの人のために流される**新しい契約の私の血**である」

「**ルカ**」**22：20** 同様に、食事の後、杯も同じようにして言われた。「この杯は、あなたがたのために流される、**私の血による新しい契約**です」

この段階では主イエスは**未だ死んでいない**し、**よみがえってもいない**ので、その言葉「罪を赦すために多くの人のために流されるものです。」の意味は、翌日の「十字架で流される血」の**予言**と理解できます。

しかし主イエスは、確かに《「**杯**」を「**血の契約**」の「**血**」》として、弟子に飲ませています。それならばその流された「血」は、信じる者が「神の義」とされる祝福だと受け取らなくてはなりません。そしてそれは言葉通り、**「血の契約」を取り交わした結果**です。

これが**新約聖書時代の特権**なのであって、旧約聖書時代とでは「人の霊の立場」が、月とすっぽんほどに違いがあると、自分の「義の認識」を確立しなくてはなりません。

パウロは「第Ⅰコリント人への手紙」の11：18節以降で、「主の晩餐」と「聖餐(式)」について言及していますが、現在の「聖餐式の意義」の教理解釈がここからなされているので、「義の観点」から詳しく分析したいのですが、ここではサマリーを述べるに留めます。

なぜ、肉体を象徴するパンを食べるのか？ 血を象徴する杯を飲むのか？

ことさらに主イエスが、聖餐を守るようにと教えたのは、「血の契約」が世の中の常識になっていないからでした。ご自分の身体をパンに例えて語られた時、多くの弟子が去った、と書かれています。それは救霊の真理を捉えた信者のみによって、キリスト教を存立させる為の**選別目的**でした。

この当時から現在までも「血の契約」の理論が理解されていないことが証明されています。

歴史の事実として私たちが知る「十字架の死」は簡単に理解できますが、これに対し、言葉のイメージしか持たず、しかもそれが何だかよく知らない「血の契約」について、はっきりと分からせるために「聖餐式」をしなければならないのです。

それは**自分の身体と主イエスとが一体化する**ことを知るためであり、それこそ「**血の契約」を実体験するための（象徴・型）**なのです。

これによって、自分の身体にイエス・キリストの血が流れることを実感するのです。

「ふさわしくないままで」聖餐を受けてはいけないとしているのは、「主イエスと自分が一体不可分の霊を持った事実」を理解していない状態を指摘しているのであって、つまり「血の契約」を理解しているか否かを、自分で吟味しなさいとの教えです。

教会で信者・不信者を選り分けることを言っているのではない筈です。そもそも不信者が、「ふさわしくない」のは分かりきったことだから、彼らにはこの教えは不要です。

この解釈によって対処を更新すべきでしょう（後述します）。

今、教会で使われている聖餐式の式辞は「十字架で死なれたイエス・キリスト」を追悼する目的としか聞こえてきません。それはパウロが「Ｉコリ」11章で、「主の死を告げ知らせるのです」と言っていることの表面しか理解していないからです。

イエス・キリストの働きは、よみがえられた後の、今に至る「霊の仲介者としての血の契約〔**第3の義への手続き**〕」こそ覚えられるべきことです。どんな契約も、まずは「生きている者同士」の関係性です。

従って私たちが**杯**をいただく時は、**天で生きている主イエス**が相手でなければなりません。十字架で死んだ主イエスを懐かしむのは、〔第**1**の義〕の自己認識レベルなのです（入信への誘いの福音）。

それならばなぜ、「主が死んだこと」をことさら知らなければならないのでしょうか？

年数を経たクリスチャンとして、礼拝に欠かさず出席しているならば、自分の罪が赦されて「救われている」のは、イエス・キリストの「十字架の死による」ことを、**心から信じて**います。それならば今さら、「罪の赦しとしての十字架の死」を思い起こす必要性はかなり低いのです。

しかし霊の成長の為には、是非知っていなくてはならない「死」の真理があります。

それには大きく3つの意味があって、そしてこれらこそ、キリスト教の霊的本質「力強い信仰が実現する「血の契約」」の**奥義の知識**なのです。

1つ目は、信じる者に**聖霊がくだっている事実**を知るためです。主イエスが「私が死ななければ」と言って約束された「**助け主**」(「ヨハネ」16：7)、すなわち**聖霊を今受け取っていることを**確信するため(**第3の義になっている筈**だから)。

2つ目は、イエス・キリストとの「**共同相続人**」であることの再確認。すなわち「神の義」を受け取り実行することへの意識付けのため(天の祝福を当然の権利として受け取る立場。憐れみにすがるのではないこと)。

3つ目の真理として、「血の契約」では契約者の一方が死ぬと、残された他方にとって、死んだ者の血が自分に流れているから、この本質によって、**自分が**「**死んだ主イエスになり代わって**」「**主の責任・義務や祝福**」**を引き継ぎ、地上で実行する**のです。

この実証は、ダビデ王が血の契約の兄弟ヨナタンの死後、その子メフィボシェテを自分の王宮に住まわせて、自分の子たちと同じ待遇を与えたことが示しています。
このようにキリスト教とは、神様とクリスチャンとが、「**血が混じり合う、いのちを懸けた**」**切っても切れない絆**として、「**霊の関係性**」**を確立すること**です。

聖餐式はこの**血の関係**を、**身体で体験し理解しなさい**と言っているのであって、特に3番目の意義「**クリスチャンは死んだ主イエスのなり代わり**」だと、自分の生きざまを吟味することなのです。主イエスの死を受け取り、「罪の赦し」を有り難がっているだけでは、本当に救われたことになりません。自意識が第1の義〔救いの前段階〕の状態でしかないからです。

これで分かる通り、クリスチャンは神の子とされた祝福によって、キリストとの共同相続人であり、**法律的な権利・義務としてサタンに向かって**「**神の義**」**を主張できる**のです。いや、（死んだ）**主イエスの分身として、2000年前に主イエスが成した業《わざ》を、今行わなければならない立場なのです**。

この「自分に与えられた血の契約の本質（**第3の義**）」を再認識しなければならないのが、聖餐式の「**杯**」です。しかし今のキリスト教は、この真理を全く分かっていません。知らないことはそもそも頭に思い浮かばないから、願い求められず実行することもできません。だから多くの教会は、吟味を「罪の有無を探り出し悔い改めること」と解釈しているのです。

ここで再度、「聖餐式」の意味を血の契約から分析すると、聖餐式こそ「**主イエスの血が自分の身体に流れていること**」の確認作業といえます。

しかし今、教会で行われている聖餐式は、クリスチャン会員とそうでない列席者とを分別することが律法になってしまっていて、聖餐を受けることが特権のように扱われていますが、とんでもない間違いです。

かえってクリスチャンが「神の義」を行っているかどうか自己反省し、契約の義務を果たしているかどうか、生きざまを自分自身に問い直す（吟味の）ためのものなのです。

「Ｉコリ」**11：23** 私（パウロ）は**主から受**け取ったことを、あなたがたに伝えたのです。すなわち、主イエスが裏切られたその夜、パンを取り（食べた）ということです。**11：24** 感謝をささげてから、それを裂き、こう言われました。「取って、食べなさい。これはあなたがたのために裂かれる、わたしのからだです。**わたしを覚えて、これを行いなさい**」**11：25** 夕食の後、杯をも同じようにして言われました。「この杯は、わたしの血による新しい契約です。これを飲むたびに、わたしを覚えて、これを行いなさい」11：26ですから、あなたがたは、このパンを食べ、この杯を飲むたびに、**主**が来られるまで、主の死（著者注：によって「第1～第3の義」にされていること）を宣言することになるのです。11：27従って、もし、（クリスチャンとして）不相応な（著者注：主の血を受けた者としての行いをしない）ままで、パンを食べたり、主の杯を飲む者があれば、主のからだと血に対して罪を犯すことになります（著者注：「血の契約をないがしろにして、自分と一体になった主イエスに逆らっていることになるから）。11：28ですから、（クリスチャンの）一人ひとりが（著者注：神の義を行っているかどうか）自分を吟味（反省）して、その上でパンを食べ、杯を飲みなさい。

洗礼を受けていない列席者が聖餐をしてはならないという教理ではなく、「**神の義となっていること」への意識付けと反省**が目的です。

11：29（著者注：クリスチャンなのに主イエスの血が流れる自分の）からだをわきまえないで、飲み食いするならば、そのふさわしくない飲み食いが自分を裁きます。11：30そのために、あなたがた（クリスチャン）の中には弱く、病気の者が多く、死んだ者も多いのです。

もとより主を信じない者は、主からの祝福を否定しているから、この警告は必要ありません。パウロのこの手紙は、コリントにいる信者たちの中にいる、「教理を自分に都合よく曲解する」、愛餐にふさわしくない自称クリスチャンに向けられたものです。

11：31 しかし、もし私たちが自分自身を裁く（著者注：自分の欠点や状態を認識し、深く反省する）なら、裁かれることはありません。

教会全体も、日本のクリスチャンと呼ばれる人々にも、もう一度、「血の契約」を交わしたことによって「**主イエスの血が自分の身体に流れている**」ことを、心から吟味され、「主イエスの遺言」を体現されることを願います。

聖餐式式辞を見直す

現在のプロテスタント教派諸教会で用いられている、その典礼式辞を紹介します。

愛する兄弟姉妹、我ら救い主キリストの定めたまいし聖餐にあずからんとす。キリストは我らの罪のために十字架にかかり、その死と苦しみとをもって世をあがない、いさおなき我らを招きて神の子となし、限りなき命を贖うことを約したまえり。かく主キリストは我らを愛してその量るべからざる恵みを常にわれらに記憶せしめんがためにこの聖餐を定めたまえり。

非常に簡潔にまとめられた式辞ですが、この文章を正しいものとして鵜呑みに受け入れていると、聖餐式の意義を確実につかめず、自分の信仰の確信に至らない恐れがあります。

「キリストは我らの罪のために十字架にかかり、その死と苦しみとをもって世をあがない、**いさおなき我ら**を**招きて神の子となし**、限りなき命を贖うことを約したまえり」

「**いさおなき我ら**」を（**招いて**）**神の子にしている**のではありません。

この一文では、キリストの「①世（人類）の救い＝〔神の意志〕（原罪の赦し）」と、

「②個人の信仰（自由意志）」との2段階をごっちゃにして、「キリストの**十字架の死**が人を救う（**永遠のいのちを与える**）」と、「**信仰を抜かして**」直接的に関連づけているから、霊的にあり得ない本質的間違いなのです。

神様の正義によれば、「いさおなき（手柄もなく取るに足りない）者」を、《キリストの十字架》で「神の子として義と認める」ことはあり得ません。すでに述べてきた通り、十字架は「**罪の赦し**だけ」が目的だからです。

そして「いさおなき我」と告白する自意識を持つ人が、神様から「正しく評価される」ことは決してないのです。「**信仰によらなければ**、［**義**とされること］」はあり得ません。

> ＊＊神様の側からの「**罪の赦し**（第1の義）」だけでは「信仰者の**義**（第2／3の義）**とならない**」のです。だから十字架（罪の赦し）は、「携挙されるため」の堅固な信仰の根拠にはならないのです。

何を言いたいのかというと、「あなたは〔信仰によってすでに〕罪の赦しが確定し、「**義**」とされている者」なのだから、自意識を「罪を悔い改めること（旧約教理）」から「神の義を行う清められた者（新約教理）」に、変えなければならないことであり、そうなっていないクリスチャンの、「ふさわしくない自意識」を吟味するのが、「聖餐式」なのです。

従って聖餐式の式辞として、義の視点でまとめ直すならば、「死からよみがえって昇天された霊的身体と、その権威」を象徴するパンを、自分のからだとし、また、「血の契約の血を象徴する杯」によって、自分がイエス・キリストと「血の契約」を交わした者であり、そして今、主の代行者であることを、はっきり告知・宣言することが目的です。

聖餐式式辞提案をします。

【愛する兄弟姉妹、私たちは今、主イエス・キリストの定められた聖餐を、行おうとしています。

主イエスは、霊の罪として私たちに負わされていた、「アダムの原罪」を取り去るために、十字架に掛かり、その死によって、全人類の原罪を贖い、私たちの、神様に対する霊の立場を回復してくださいました。

さらには、イエス・キリストによる「その救い」を信じる私たちを、「血の契約」によって「神の子」として「義に認めて」くださり、「永遠のいのちを持つ者」の保証を与えてくださっています。

この信仰に対する祝福の規定が、「血の契約である」ことを、私たちがしっかりと理解するために、今ここで、主が制定された「パンと杯」を頂きます。

そして我が主イエス・キリストとの血の契約によって、弟妹とされた私たちに聖霊がともに働かれる権威と力を覚えて、「イエスの名」によって天の御国をこの地上で実現するよう、御霊の賜物を用いていきます。

この「血の契約」を忘れないため、これより聖餐を行います。】

聖餐式によって、天からいただいた霊の賜物を再確認し、またそれらの権威を「イエスの名」として用いることで、サタンと悪霊に対して圧倒的な勝利を得る者にされたことを感謝するのです。

使徒パウロが、「裁かれないように自分を吟味しなさい」と教えている通り、キリスト教の信仰が、主イエスとの霊における「血と肉の一体化」であり、「血の契約の祝福が「霊の権威」であり、それを「義務として行うこと」であると、パンと杯によって確かに理解しなければなりません。

その頻度は？

聖餐式が「神様との関係性の自己吟味・血の契約の再認識」であれば、典礼としての頻度は、どのくらいが適正なのでしょうか？

本来の教理的回数は、毎週の礼拝で行われるのが筋として正しいでしょう。しかし人間の感覚・感性として、あまりに頻度が多いとかえって「その重要性への認識」が薄れてしまいます。それこそ単なる儀式の行いに陥ります（行うことが目的化）。

再認識を目的とするならば、当然に「忘れかけた時に思い出させる」のが最適です。その頻度は「毎月1回」くらいがちょうどよいのではないでしょうか。

差別への考察

血の契約を知り、聖餐式の意義を自らの反省の機会と理解すれば、信仰の決心を促す意味において、洗礼を受けていなくとも**真摯な求道者**であれば、聖餐にあずかることは間違っていないと考えます。

「救いを求める人に門戸を開き続ける教会」として、日曜日に教会に足を運び、**説教を聞いた人々**に対して、語られた御言葉が事実であると証明をしなくてはなりません。その時、聖餐式で「差別しパンと杯にあずからせない」ことが、その目的に合致するでしょうか？

求道の初っ端から差別ある処遇を受けたら、まだそれほど教会に親近感をも持っていない普通の人情として、「そんな扱いをされるならもう行かないよ」と、離れていくでしょう。

教会というキリストの身体は一つであり、愛と秩序で満たされているのだから、その御言葉の体現として、求道者であっても「血の契約の象徴」にあずからせて、より早くキリスト教の真理を理解させ、**信じる決心に至らせる**のが、神様・主イエスも望んでいることではないでしょうか。

「象徴」は象徴でしかないのであって、それをどのように「受け取る」のかは、一人ひとりの信仰によることです。だから聖餐式は、**教会に集う人々全員**に機会が与えられるのが、キリスト教にふさわしいと考えます。

その霊的根拠は、世の人すべてがすでに「第1の義にされている」からです。霊の関係性を構築してほしいと願っている神様が、あらゆるチャンスを準備し、心を向けさせる転機にすると考えれば、「救いに招く側の人間」がその道を閉ざすのは、神様の意志に逆らうことになります。

例え、聖餐にあずかった未信者が去ったとしても、それで「聖餐式」が汚されるわけではありません。聖餐式は「パンと杯」という「**象徴**による手続き儀式」であって、「救いそのもの」ではないからです。

救いは儀式によるのではなく、**信じる者の心の中**にあります。

ですから「主の**からだ**（の霊的働き）を汚すことになる」という警告は、未信者へのものではなく、クリスチャンと**自称する者が**「**血の契約の本質**」**を知らないこと**への、自身の「吟味」のためなのです。

＊しかし聖餐式の意義を厳密に捉えるならば、「パン＝クリスチャンであることの霊的確認（第1要件）」であり、さらに「杯＝血の契約として神様との法的関係性の成立（第2要件）」の実行、三一性の成立による聖霊の宿りの根拠」を自己認識と

することです。

従って、未信者にとってはその時点で、自分に当てはまらない儀式であることに間違いありません。それでも神様・主イエスは「**その人を招いている**」のです。

現在、各教会で行われている聖餐式の「式辞文」の、書かれた言葉の意味合いが、その聖餐を受けるクリスチャンに正しく伝わっているとは感じられません。

それは、「十字架の死」という言葉で、「罪の赦し」しか思い浮かばず、そのために「すでにない罪」を掘り返してうなだれたり、悔い改めに精神集中するのが、「吟味しふさわしくなる」ことだとミスリードされ、自分の「義」を正しく理解していないからです。

神様は「悔い改めによって一度赦した罪」は二度と思い出さない、と宣言しています（「エレミ」31：34節）。


パンによって「(罪の贖いを超えて）主イエスと一体となり、永遠のいのちを持った」**身体**であることを知り、杯によって「**霊の権能・賜物を授かっている**」者だと、自意識を「神の義」にすることなのです。

この目的のために、初めに口にするパンの意味は、《自分が**イエス・キリストを救い主と信じる者であることを、自身に認めさせさらに公にする**》ことです。

「ヨハネ」6：29〜66節の、「パンの例え」の説話によって、救いの真理を悟れない多くの者が、イエスから離れ去りました。(霊の選別)。

残った少数の弟子たちが、真のクリスチャンです。彼らが聖餐を受けました。

第7章

「新しく生まれ変わった人」

それでは、聖餐式の杯によって主イエスの血が流れる者となった「**新しく生まれ変わった人**」は、具体的にどういう態度・行動をすればよいのか、聖書を調べましょう。「血の契約」でなければ理解できない箇所です。

A. 弟子ヨハネ

主イエスは、十字架の上から弟子ヨハネに指示して、血の契約の実態（契約の義務と恩恵）を証明しています。

「**ヨハネ**」**19：26** そこでイエスは、母親と、ご自分の愛する弟子（著者注：ヨハネ＝ボアネルゲ）がそばにいるのを見て、母親に言われた。「女の方。そこに、あなたの息子がいます」**19：27** それから、その弟子に、「あなたの母がいます」と言われた。そしてその時から、その弟子は彼女を自分の家に引き取った。

十字架に掛けられた主イエスは、愛弟子ヨハネに母マリアの世話を委ねています。順当な考えでは、イエスの弟ヤコブやユダに実母の面倒を見させるのが普通ですが、なぜ、ヨハネなのでしょうか？

主イエスと11弟子は、最後の晩餐の時に「血の契約」を交わしたから、弟子ヨハネには「ヨハネ＋主イエス」という2つの血が流れています。だから**新生ヨハネ**は今や主イエスと一体不可分であり、その身体には主イエスが内在しておられることでもあるから、**主イエスの死後には、法律的に弟たちを差し置いて**、ヨセフ家の長男としての「家督相続」をする権利と責任を与えられています（第3者が口をはさむ余地はありません）。

その自意識があったからヨハネは、他の弟子たちが逃げ隠れしている時に、「**身内の者」として十字架の下にいる**のです。

弟子ヨハネは今後、**死んだ主イエスそのもの（分身）として行動**しなければならない立場です。しかしここではその責任範囲は、マリアを自分の母として世話をすることでした。だから「自分の家に引き取った」のは血の契約による義務を表しているのであって、単に十字架の下から連れて帰ったとする巷の通説は、本質を捉えていない解釈です。

この「血の契約による権利・義務」を主イエスは群衆の前で宣言されたのです。

これによりヨハネには、主**イエスの死後**に、主が行っていたのと同じ待遇を彼女に与える「契約の義務」が生じました。一方、母マリアは「契約の恩恵」として、その待遇を当然のこと（我が子イエスからのもの）として受け取れるのです。

これで分かる通り、クリスチャンは神の子とされた祝福によって、キリストとの共同相続人であり、天の権威を所有する者として、**法律的な権利・義務としてサタンに向かって「神の義」を主張できる**のです。いや、**主イエスの分身として、2000年前に主イエスがなした業《わざ》を、今行わなければならない**のです。

これが「血の契約」であり、一般の契約では契約の相手が死ぬとその契約が終了するのですが、そうではなく、残された者は「自分に流れる死んだ者の血」によって、死んだ者の**分身となって**、血縁関係者に「契約の恩恵」を与える代行者となるのです。

これをはっきりいえば、クリスチャンであるあなたは、**主イエスの分身**として、主イエスが「しなさい」と指示している「契約の義務（問題解決を「イエスの名」で命じること）」を果たして、その行動の結果「祝福として与えられた成果」によって、天のお父さんである神様に「賛美と栄光を帰して」、「神の義」とされている立場を、「**死ぬまで**」**行**

い続けなければならないということです。

B．ダビデとヨナタン

旧約聖書からも、実例を引いて「血の契約」の実態を証明します。それは羊飼いの子ダビデとサウル王の子ヨナタンとの契約です。

「Ｉサムエル」18：1 さて、ダビデがサウルと語り終えた時、ヨナタンの魂はダビデの魂と結び合い、ヨナタンは彼を自分の魂のように愛した。18：3 そして、ヨナタンはダビデを自分の魂のように愛したので、ヨナタンとダビデは**契約を結んだ**（著者注：王の子ヨナタンと、羊飼いの子ダビデとの、強い**友情による**「**血の契約**」です。友として〔身分を超えて〕対等な関係を作りました）。18：4 そしてヨナタンは、着ていた上着を脱いで、剣と弓と帯に至るまで、その武具とともにダビデに渡した（著者注：ダビデはヨナタンとともにサウル王の食卓に同席するように扱われています。「Ｉサムエル」20：24～27。「血の契約」による待遇）。

その後、サウル王がダビデに敵意を持ち、彼を殺そうとするたびに、ヨナタンが契約の義務によって、（自分自身のこととして）ダビデを救ったことが、「Ⅰサム」19章〜20章にわたって書かれています。特に次の節は、血の契約の本質を知らなければ意味を汲み取れない文章です。

「Ⅰサム」20：33 すると、サウルは彼（ヨナタン）を殺そうと槍を投げつけた。それでヨナタンは、父が**ダビデを殺すことを**決心しているのを知った。

サウル王は、自分の子ヨナタンの身体に（血の契約の）ダビデの血が流れているのを知っているから、そのヨナタンの中のダビデに向かって、槍を投げたのです。ヨナタンも自分が「**ヨナタン・ダビデ**」という人格になっているから、父がダビデを殺そうと決心しているのを**直感できました**。

ここで、「血の契約によって、その恩恵が子孫に及ぶ」ことを聖書から証明しましょう。それは私たちが信仰によって、アブラハムの子孫として彼の契約の恩恵を受けることの証明です。

ダビデとヨナタンとの血の契約で、その恩恵を後になってヨナタンの死後、彼の子メフィボシェテが受けています。

「Ⅱサム」9：1 ダビデは言った。「サウルの家の者で、まだ誰か生き残っている者があれば、私は**ヨナタンのために**、その者に恵みを施したい」（著者注：死んだヨナタンのためにではなく、血の契約によって「ダビデ・ヨナタン」となっているダビデ王は、**自分の血の中に生きているヨナタンの求め**によって、ヨナタンの血族に恵みを施す義務があるからです）9：6 さて、サウルの子ヨナタンの子メフィボシェテは、ダビデのところにきた時、顔を伏せてひれ伏して礼をした。ダビデは言った。「メフィボシェテか」彼は答えた。「ここにあなたのしもべがいます」9：7 そこでダビデは言った。「恐れるな。私（ダビデ・ヨナタン）は、あなたの**父ヨナタンのために**、必ず**あなたに恵みを施す**。そしてあなたの祖父サウルの地所を全部あなたに回復させる。あなたはいつも**私の食卓**でパンを食べなければならない」（著者注：ダビデ王は、かつて自分がヨナタン王子とともに、サウル王の食卓についていたのと同じ祝福をメフィボシェテに与えました）9：8 それで彼は礼をして言った。「あなたが、この死んだ犬のような私を顧みてくださるとは、このしもべは何者なのでしょう」（著者注：メフィボシェテは、父ヨナタンとダビデ王との契約を知らなかったから、この待遇にびっくりしていますが、知っていれば自分から王の前に出て行き、堂々と恩恵を求めることができたのです）**9：13** それでメフィボシェテはエルサレムに住み、いつも王の食卓で食事をした。彼は両足が不自由であった（著者注：人間としての価値基準によらず、血の**契約の恩恵**によりダビデ王の子たちと同じ待遇を受けたのです）。

この3人の関係こそ、血の契約における、神様（ダビデ王）とイエス・キリスト（ヨナタン）、さらにクリスチャン（メフィボシェテ）それぞれの立場を表しているのであり、自分が取るに足りぬ者と思っていても、神様からの祝福を「契約の恩恵」として、臆することなく受け取れると、明確に教えているのです。

これは、血の契約の第2パターン：神様とイエス・キリストとの関係性（三一性）で、「イエス・キリストが**死んだこと**」により、契約の恩恵が「相続として」クリスチャンに受け継がれることを教えています（父なる**神様が果たすべき契約の義務です**）。

さらに私たちクリスチャンが、信仰によって「アブラハムの子孫」と認められ、彼と神様との契約により、その恩恵を受け取れるようになっていることが書かれています。

「ガラテ」3：7 だから、信仰を持つ者だけがアブラハムの子孫であることを知りなさい。**3：9** そういうわけで、信仰のある者が、アブラハムを信じて祝福されるのです。**3：29** そして、もしあなたがキリストのものであるならば、それによってアブラハムの子孫であり、約束による相続人です。

しかし、この恩恵を受けるには、私たち自身がメフィボシェテのように無知であってはならず、**堂々と「アブラハムの子孫です」と、「主イエスとの血の契約」を父なる神様に対して、自分から申告しなくてはなりません。**

この［対等な］態度がキリスト教の**力強さ**なのです。そしてその権利があることを申し出るためには、血の契約とその内容（アブラハム自身と子孫への祝福の大きさ）をしっかり理解していなければなりません。

「創世記」13：2 アブラムは家畜も銀も金も非常に豊かであった。
24：1 さて、アブラハムは年老い、かなり年を取っていた。主はアブラハムをすべての面で祝福された。

旧約聖書のアブラハムの契約が、現代の私たちに有効であるのは、神様が**全能の神の立場**において、ご自分の言葉で「**代々にわたる永遠の契約**」とし、「わたしがあなたの神、あなたの**後の子孫の神となる**」と語られたからです。私たちはその「契約の恩恵」を受けなければ、かえって神様に申し訳ないと知らなければなりません。

尚、人類に対する神様の顕現には、①神（全能者）、②神である主、③主（契約の立場）の3つがあることは、すでに述べました。

「**創世記**」**17：1** アブラムが九十九歳の時、**主**はアブラムに現れ、「わたしは**全能の神**だ。わたしの前を歩き、罪のない者となれ」と言われた。

17：7 わたしは、わたしの契約を、わたしとあなた（アブラハム）の間に、そしてあなたの後のあなたの子孫との間に、**代々にわたる永遠の契約**として結ぶ。それはわたしがあなたの神、あなたの**後の子孫の神となる**ためである。

「**ローマ**」**2：29** かえって内面的なユダヤ人がユダヤ人なのであり、割礼とは、文字ではなく御霊による心のものです。その誉れは、人からではなく、神から来るものです（著者注：アブラハムへの割礼の命令は、主イエスへの信仰によって満たされるからです）。

「**ヘブル**」**10：19**（前略）。私たちは、イエスの血によって、大胆にまことの聖所

（至聖所）に入ることができるのです（著者注：クリスチャンは神様と直接に対話できる特権を与えられています。ユダヤ教では大祭司だけしか至聖所に入れず、しかも年に一度、命懸けで行う贖いの儀式でした。今やこの永遠の契約をクリスチャンが行うのです）。

「全能の神」の永遠の契約は、現在の私たち人間にとって「憲法のような存在」です。

ここで横道にそれますが、もう一つの旧約時代のノアとの「**永遠の契約**」を洗い出しておきます。こちらも絶対に守らなければならない「全能の**神様**の命令」です。**「代々にわたる永遠の契約」**とは、当然現代でも有効なものですから、その内容を守っていかなくてはなりません。しかし多くの人々が無視していて、まるでそんな契約はないかのように振る舞っています。

その理由は、創世記に書かれているがゆえに、現代人はその文章を「神話」だとか、「科学的でなく信頼に値しない」として、その文脈を正しく理解しようとしないからです。

その姿勢は、神様よりも人間の判断の方が正しいとする傲慢な態度であり、神様に対してパラバーシス・故意の背反の罪に陥ってしまっているのに、それに気付かないままです。

神様が語る指示は、霊の導きによってしかも理論的（筋が通るよう）に解釈しなければなりません。

「**創世記**」9：3 生きている動くものはみな、あなたがたの食物である。緑の食草と同じように、すべてのものをあなたがたに与えた（著者注：ここで神様の祝福として、**初めて肉食が認められた**のですが）9：4 しかし、肉は、そのいのちである**血のあるままで食べてはならない**（著者注：義務として絶対にしてはならないことです）。

——ここでテーマが変わる——

9：5 確かにわたしは**あなたがたの命**の血のために、わたしは清算を**要求する**。わたしはどんな獣にでも、それを要求する。また人にも、兄弟である者にも、すべての人の兄弟の手から、わたしは人の命を要求する。9：6 **人の血を流す者は、人によって、その血を流され**ねばならない。神は人を神のかたちにお造りになったのだから（著者注：神様の指示で殺人者は死刑に定められています。野獣ですら人を襲ったら、それは殺されなければならないと書かれています）。

9：12 そして神は言われた「これはわたしとあなたがた、およびあなたがたとともにいるすべての生き物との間に、わたしが**代々永遠にわたって結ぶ契約**の印である

（著者注：現代人もこの契約の義務を守らねばなりません）。**9：13** わたしは雲の中に、わたしの虹をかけた。それはわたしと地との間の**契約の印**となる。

「血の契約」に話題を戻して、アブラハムの契約から要素を学びましょう。

C. アブラハム（アブラム）

「**血の契約**」のそもそもの始まりは、神様がアブラムに命じた「割礼＝血を流して証明すること」です。そして**さらに名前を変えさせています。**本人の自己認識を「名は体を表す」ようにさせ、そのように行動させるためです（言葉では「させる」ですが、本人が自分から発動することの意味です。彼の信仰による従順です）。

「**創世記**」**17：1** アブラムが九十九歳の時、「**主**」はアブラムに現れ、「わたしは**全能の神**だ。わたしの前を歩き、罪のない者となれ」と言われた。

全能の神が、「**主**（信仰者との関係性）」としてアブラムに現れながら、ご自分を「**全能**

の神」と言っています。なぜでしょうか**？**　それは前述した「**神の3つの権威の使い方の違い**」をハッキリと証明しているのです。

「**創世記**」**17：2**「わたしは、わたしの契約を、わたしとあなたとの間に立てる。わたしは、あなたをおびただしくふやそう」**17：3** それでアブラムは、ひれ伏した。神は彼と語り合って言われた。

17：4「見よ。わたしにとって**わたしの契約はあなたとともにある。**あなたは多くの国民の父となる（著者注：神様にはアブラムが「全き者であれば」、彼を多くの国民の父としなければならない義務が生じました）。

17：5 あなたは、もはや**アブラムと**呼ばれることはなく、**あなたの名はアブラハムと**呼ばれる。わたしはあなたを多くの国民の父と**したのだから**（著者注：神様は既に実現した結果（過去）として表現しています）。

17：7 わたしは、わたしの契約を、わたしとあなた（アブラハム）との間に、そしてあなたの後のあなたの子孫との間に、**代々にわたる永遠の契約**として結ぶ。それはわたしがあなたの神、あなたの後の子孫の神となるためである（著者注：現代のキリスト教徒も**この永遠の契約**なのです。神様の定めは永遠不変だからです）。

17：9 そして神はアブラハムに言われた。「あなたについては、あなたとあなたの後の子孫の代々にわたって、**わたしの契約**を守らなければならない」
17：10「これは、わたしとあなたたち、およびあなたたちの後の子孫との間で、あなたたちが守るべき**わたしの契約**である。あなたがたの間の男子はみな**割礼を受け**なければならない」（著者注：血を流すことが救いの絶対条件だから）

しかしこの絶対条件は、独り子イエス・キリストの贖いの**血によって**、全うされたので、割礼は「古い契約」として終了しました。

以降17：11～14節まで、**割礼**についての指示が書かれていますが、割愛します。

次の御言葉は、**神様の契約は「血によって保証されるもの」である**と表明しています。

「**ゼカリ**」**9：11** あなたについても、**あなたとの契約の血のゆえに**、わたし（万軍の主）はあなたの捕われ人を、水のない穴から解放しよう。

パウロの教え「ヘブル人への手紙」

パウロは「ヘブル書」で、ユダヤ人に対して、キリスト教もユダヤ教と同じく、「神様との契約、それも**血の契約である**」ことを教えています。

「ヘブル」2：16 **主**は天使たちを援助するのではなく、本当に、**アブラハムの子孫**に援助を与えられる（著者注：契約による恩恵が永遠に続くから）。

3：6 しかし、キリストはご自分の家を守る御子であり、私たちが最後まで確信と希望の喜びを堅く守るならば、**私たちが神の家なのです**（著者注：「血の契約」によって、イエス・キリストの血がクリスチャン一人一人に流れているから）。

7：21 彼らは誓いをせずに祭司となったが、**主**には、主に対して次のように言われた方の誓いがあります。「主は誓ったことを、決して譲らない」「あなたはメルキゼデクの血統に従って、永遠の祭司である」（著者注：「血の契約」によって、イエス・キリストの血がクリスチャン一人一人に流れているから）7：22 そのようにして、イエスは、より良い**契約の保証人**となられました。

以下、「**契約**」「**血**」というキーワードが書かれた節をリストアップします。クリスチャンならば、自分の信仰が、「神様との血の契約」であることを根拠にしなければならないと教えています。お手許の聖書でパウロの主張を読み取ってください。

「ヘブル」8：6 さらに**すぐれた契約の仲介者**、8：7 もし**あの初めの契約**、8：8 **新しい契約を結ぶ日**、8：9 **彼らと結んだ契約／わたしの契約**を、8：10 **イスラエルの家と結ぶ契約**、8：13 **新しい契約**

「ヘブル」9：1 **初めの契約**、9：4 **契約**の箱／**契約**の二つの板、9：12 **ご自分の血**、9：14 神におささげになった**その血**は、9：15 キリストは新しい**契約**の仲介者／初めの**契約**の時、9：18 初めの**契約**も**血**なしに、9：19 **契約の書**自体、9：20 **契約の血**である 9：21 **血**を注ぎかけました、9：22 **血**を注ぎ出す、

「ヘブル」10：16 **結ぼうとしている契約**は、10：19 **イエスの血によって**、10：29 **契約の血**を、

「ヘブル」12：24 **新しい契約**の仲介者イエス／注ぎかけの**血**に近づいて、

「ヘブル」13：20 **永遠の契約の血**による羊の大牧者、

再び、パウロの警告を思い出しましょう

「ヘブル」6：1 私たちは、**キリストについて**の**初歩的な教理**、つまり十字架による罪の赦し、いのちの贖い、悔い改めの**論じ合いを離れて**、成熟（完全）を目ざして御言葉の学びに進もうではありませんか。すなわち死んだ行いからの悔い改めと神への信仰の基礎、6：2 洗礼の教義、按手の教義、死者の復活の教義、永遠の裁きの教義などについて、いつまでも**基礎的なことを繰り返さないように**にしましょう。6：3 神がお許しになるならば、私たちはそうすべきです。

ここでパウロが言うのは、**初歩の教え（十字架と罪の悔い改め）**をマスターしなければ、神様はその先に進ませない霊的基準です。自分では救われたと自己認識していても、「罪の悔い改め」は「第2の義」であり、それ以上に「救いの論理性を理解」しなければ、霊の関係性「神の子とされた者・第3の義」が確立しないからです。

そのままのあなたの霊的立場を吟味しなければなりません。

＊＊霊である神様の前に人が立つ時、その人の霊も「罪がない義の霊」でなければな

りません。アダムの原罪の下に生まれた人類は、その**霊の罪**を赦されるためには、肉体が「死ななければなりません」。しかし死んでしまっては神様との交わりができません。従って、死の代わりとして「＊血を流すこと（いのちを差し出す象徴）」が神様のやり方として定められたのです。神様の**血**の取り扱いは、「いのちそのもの」としてです。

「**創世記**」**2：17** しかし、あなたは善悪の知識の木からは取って食べてはならない。それを取って食べた日に、あなた（**の霊**）**は必ず死ぬ**」（著者注：**神様との関係が切れて、サタンの支配下に入り**、**霊の**交わりができなくなった。この原罪から解き放たれるためにキリスト教が存在するのです）

この神様に対する「必須要件・**死**」を、イエス・キリストが全人類の代表者として、一人その身に受けて、十字架上で**死んで**原罪の咎を償い、赦しと贖いを得て、「永遠に**義の保証を全う**しました」＊この時、槍で突かれて**血が流れました**（血の注ぎ）。

このイエス・キリストの働きの霊的背景を知るなら、最後の晩餐での彼の言葉通り、

「血の契約を結んだ者」と認められ、それが**「心の割礼」**と表現されるのです。

＊しかし割礼そのものはイエス・キリストの十字架によって、その役割を終えたので、現在に「割礼を受ける」のは、かえって主イエスの血の働きを否定することになります。
それなのに新約聖書時代におけるこの「信仰の定理」について、使徒パウロは、キリスト教の救いの本質が**「血の契約」**であり、**アブラハムから始まったユダヤ教から「引き継いだもの**＝信仰の子孫である立場」であることの、その新旧関連性を**「心の割礼」**と表現しました。

「ローマ」2：29かえって内面的なユダヤ人がユダヤ人なのであり、**割礼とは**、文字ではなく**御霊による心のもの**です。その誉れは、人からではなく、**神から来るもの**です（著者注：**確実な神様の保証**）。

サウロと呼ばれていた当時、彼はパリサイ派として、人一倍ユダヤ教教理の学びに熱心だったからこそ、ダマスコへの途上で「体験した啓示」を瞑想することで、「新旧を比較しながら言えること」として、《イエス・キリストを「血の契約による神様との仲保者」と信じることしか、「霊的救い・信仰の完成」に至らない》その真理を確信したのです。

彼のその資質と経歴が、宣教する人材としてピッタリでした。だから主イエスからその任務にふさわしい者として選ばれました。

パウロの場合は、神様の側で「キリスト教を立て上げるための中心人物」として、彼より適任者がいなかったので、「召命として選ばれました」。

これは人が信仰に入る時に、「神から（運命として）選ばれたとする「予定説」」ではありません。すでに深く論理的な救霊知識を持った信仰者だったからです。

私たちは今、「テサロニケ人への手紙Ⅰ・Ⅱ」で預言されている「主イエスの空中再臨」が、すぐ手の届く未来に迫ってきているのを感じます。ですからそれが実現する時、信じる者として確実に天に引き上げられるためには、その根拠として、全能の神様との霊の繋がりを「法的根拠」として、確保していなければなりません。「憐れみにすがる」のは根拠ではありません。

それこそイエス・キリストを仲保者とする**「血の契約を結ぶ」**ことです。

現代キリスト教においては、この最重要の法則が無視されていて、「頼りすがる」のを信仰だと称しています。ですから**正しい知識を得て、自由意志で決断する意志**が必要です。

それが「信じる内容」の刷新による、揺るがない根拠の構築です。

イエス・キリストの血が流れるあなたの霊と（変えられた肉体）が**「天に引き上げられる」**のは間違いありません。

なぜなら、あなたの国籍が「天国人」であることを、「血の契約」によって神様・主イエスが、法的立場として認定しているからです。

第8章

契約の条件。霊の対等性

新約聖書では、イエス・キリストを救い主と受け入れて主を信じ、その告白をすることで、契約が成立するのですが、そもそも契約とは、お互いが「**対等な立場**」で、かつ「**自由意志に基づく決定**」でなければなりません。

それならば、神の子であり神性を持つイエス・キリストと、人とは対等な立場同士なのでしょうか？ ましてや、神様を「天の父」と呼べるようになるのはなぜなのでしょうか？

契約の観点から、イエス・キリストの働きを調べなくてはなりません。

「Ⅰテモ」2：5 神は唯一であり、**神と人々との間の仲介者**もまた唯一であって、それは人としてのキリスト・イエスです。

「ヘブル」8：6 しかし今、キリストはさらにすぐれた聖職を得られました。それは彼が、より良い約束に基づいて結ばれたより良い**契約の仲介者**でもあるからです。

「ヘブル」9：15 そういう理由で、キリストは新しい**契約の仲介者**です（後略）（同意節12：24節）。

イエス・キリストが**契約の仲介者**であるとは、どういうことでしょうか？ 仲介者とは、ある二者の間に立って、そのどちらにも偏らず中立の立場を取りながら、二者の関係を取り持つ者です。

キリスト教においては、神様と人という、それこそ文字通り、天地の落差がある二者間の契約関係ですが、ここで**イエス・キリストが仲介する**とは、その意味・本質は何でしょうか？

それは端的に神様自身が、「契約とは、互いに対等・同格な立場で交わす同意事項である」との規則を、厳格に守られるからです。

神様は神（霊）であり、人と対等ではないのはいうまでもありません。そんな神様と人とが契約を交わそうとするのだから、その大きなギャップを橋渡しして、何としてでも両者の立場を**同格にする手段が講じられなければならない**のです。

それが**仲介者として対等な立場を作り出した、イエス・キリストの存在そのもの**です。

ではなぜ、イエス・キリストが仲介者たり得たのか？　その条件（資質）は何なのか？

神様と人とを対等に結びつけ得る奥義、**仲介者イエス・キリストの性質**を調べます。

～1．神様と対等である（神の独り子キリスト・神の霊性を満たす）。

～2．人と対等である（人の子として誕生した。肉体で生きる者）。この**2つを併せ持つ**から、イエス・キリストが神様と人との間に介在し、結果的に神様と人とが契約を交わすのに必要な、**対等な立場になれた**のです。

1．神様と対等であることの証明

「ヨハネ」1：1 初めに、**ことば**があった。ことばは**神とともに**あった。**ことばは神であった**。1：2 この方は、初めに神とともに存在していた。1：14 **ことばは人となって**、私たちの間に住まわれた。私たちはその栄光を見た。すなわち、**父から生まれた独り子の栄光**、恵みと真理に満ちた栄光である。

「ルカ」1：35 御使いは彼女に答えて言った。「聖霊があなたの上に下り、**いと高き方の力**があなたを覆い尽くします。ですから生まれてくるその聖なる者は、神の子と呼ばれます。1：37 神には不可能なことは何一つもありません」

「三一性の神」のうち「ことばなる神」が人の姿を取りました。人の子イエスは聖霊によって《男性が関わらない奇跡として》この世に男子として生まれてきたのです。処女マリアが身籠もった段階で、すでに聖霊（神の性質）が、将来生まれ出てイエスと名づけられる命に宿っている筈です。そしてさらに重要な事実は「男性の遺伝子によらず生を受けた」ので、「アダムの原罪を持たない」**唯一の男性無原罪者**として、誕生したのです。

尚、マリアが特別に清められる扱いを受けたのではないことと、それゆえに**聖母扱い（崇拝対象に）してはならない**ことを、霊的間違いとして明らかにしておきます。

その根拠は、創世記に遡りますが、【木の実を取って食べたエバは、その顛末を正直に懺悔したので、神様からその**罪を赦され、霊の関係性を回復**しています。従って「アダムの原罪」は関係なく清いのです】。

そして世の**女性はすべて**、このエバを始祖として、その染色体XXのみで世代を重ねるので、元々、霊的に無原罪を受け継いでいて、マリアもただ彼女の信仰深さが用いられた普通の女性です。

しかし、【聖霊と無原罪のマリアの間で生まれた人の子イエスは、当然に「**無原罪の男性**」なのです】。神様のなさる業《わざ》（奇跡）は、論理的に筋が通っています。

イエス・キリストに焦点を戻します。

成人して後、公生涯に入る前に、聖霊が鳩のように天から下って、人の子イエスに留まりました。そして主イエスは、することすべては父の御心を行っていると言っています。

「ヨハネ」1：32また、（バプテスマの）ヨハネは証言して言った。「御霊が鳩のように天から下って、彼（イエス）の上に留まられるのを私は見ました。1：33私はこの方を知らなかった。しかし、水でバプテスマを授けさせるために私を遣わされた方が、私にこう言われました。「聖霊が誰かの上に下って、彼の上に留まるのをあなたが見たなら、彼こそ、聖霊によってバプテスマを授ける者である」1：34私はそれを見たので、**この方が神の子である**と証言しています」

「ヨハネ」10：30わたしと父とは一つです。10：37もしわたしが、わたしの父の業《わざ》を行わないのであれば、わたしを信じなくてよい。10：38「しかし、もし行っているなら、たといわたしを信じなくとも、業《わざ》（働き）を信じなさい。それは、**父がわたしの内におられ、わたしが父の内にいること**を、あなたが知って信じるようになるためです」

「ヨハネ」14：10「あなたは、**わたしが父の内におり、父がわたしの内におられる**ことを信じないのですか。わたしがあなたに語る言葉は、わたし自身の権威で語ったのではなく、**わたしの内におられる父**が、そのわざを行っているのです。14：11**わたしが父の内におり、父がわたしの内におられる**とわたしが言うのを信じなさい。さもなければ、業《わざ》（の結果）によってわたしを信じなさい」

このように主イエスは、自身が神様と一体であることを明言していて、神様と対等な立場にいることを証明しています。

2．主イエスが人の子でもあること

次に、主イエスが人の子でもあることを、証明しなければなりません。神様は、イエスをキリストとして全人類の代表者とするため、**人として生まれさせ**ています。

「**ピリピ**」2：6キリストは、神の形をしていながら、神と同等であることを捨てられないとは考えないで、2：7しかし、ご自分を無価値なものとし、仕える者の姿となって、**人間**の似姿になられました。2：8そしてキリストは、**人としての**姿をもって**現れ**、へりくだって、死に至るまで、それも十字架の死に至るまで従順となられたのです。

当時のサタンの支配下にあって、主イエスが人として世に生まれたことは、ほかの人々と全く同格で、対等な立場です。従って主イエスと弟子たちとは、人間同士の信頼関係を持つ「**友**」として、契約を交わすことに何の問題もありません。

しかし厳密には、「師」と「弟子」という、**立場の差**があったので、それを解消しなければなりませんでした。詳細は後述します。

イエス・キリストと弟子たちとの、血の契約の成立

「**マタイ**」26：26 そして、彼らが食事をしている時、イエスは**パン**を取り、祝福してこれを裂き、弟子たちに与えて言われた。「取って食べなさい。これは**わたしのからだです**」26：27 それから、**杯**を取って感謝し、それを彼らに与えて言われた。「あなたがたはみな、**これを飲みなさい**」26：28「これは罪の赦しのために多くの人のために流される**新しい契約への私の血**です」

「**マルコ**」14：22 それから、彼らが食事をしている時、イエスは**パン**を取り、祝福

してこれを裂き、彼らに与えて言われた。「取りなさい、食べなさい。これは**わたしのからだです**」**14：23** それから主は、**杯を**取り、感謝をささげてから彼らに与えたので、彼らはみな**その杯を飲んだ**。**14：24** イエスは彼らに言われた。「これは**わたしの契約の血**です。多くの人のために流されるものです」

「**ルカ**」**22：19** それから主は、**パン**を取り、感謝をささげてから、それを裂いて、弟子たちに与えて言われた。「これは、あなたがたのために与えられた、**わたしのからだ**です。わたしを覚えてこれを行いなさい」

22：20 食事の後、杯も同じようにして言われた。「この杯は、あなたがたのために流される**わたしの血による新しい契約**です」

このように最後の晩餐と呼ばれる食事の後に、主イエスは弟子たちと「**血の契約**」を交**わした**のですが、これは、前もって多くのユダヤ人に向かって「パンの例え話『ヨハネ』6：25〜69節」として語られたことの実行です。それはごく特殊な場合（血の兄弟であることを生きざまとしている人々）を除いて、普段の生活では知り得ない知識と儀式なので、その意味を人々が知らなかったからでしょう。

主イエスへの信仰＝血の契約によって、主イエスの血が信じる者の身体にも流れることを具体的に示したのであり、聞く人に「主イエスと一体になった自分」を実感させるために、パンを食べることを例に取ったのです。

そしてこの時、多くの信仰の浅い人々は去っていきました。しかし、この出来事は主イエスにとって必要なことだったのです。

本当の信仰者を得るために必要な、「**ふるい分け**」であったことが書かれています。

しかしこの「**ふるい分け**」も、天の権威で人が選別されたのではありません。その人個人が**自分の自由意志で、去就を決めた結果**です。

霊性を敏感にしていなければ新しい教えは心に届きません。

「血の契約」が主イエスの血を自分の身体の中に入れることであり、その結果、イエスの身体と自分の身体が同化し、**新しい人格になる**という、その本質を再度確認するために「パンの例え話」の主要部分（信仰＝永遠のいのち）を引用します。

「ヨハネ」6：35 イエスは彼らに言われた。「わたしは**いのちのパン**です。わたしのもとに来る者は決して飢えることがなく、わたしを信じる者はどんな時にも、決して渇くことがありません」

6：47 わたしはあなたがたに断言して言います。**信じる者は永遠のいのちを持ちます**（著者注：霊において神と繋がり、その人の霊が永遠に生きた者とされる）。

6：48「わたしはいのちのパンです」

6：51「わたしは、天から下ってきた生けるパンです。だれでもこのパンを食べるならば、その人は永遠に生きます。わたしが**与えるパンは、わたしの肉**であり、世の人の命のために与えるもの**です」**（著者注：言葉通り最後の晩餐で実行された。また、十字架上の死の預言としても理解できます）

6：53 そこで、イエスは彼らに言われた。「最も確かなことを、わたしはあなたがたに言う。**人の子の肉を食べ、またその血を飲まなければ、あなたがたのうちに、いのちはありません**（著者注：血の契約を交わさなければ救われないことの暗示）。

6：54 だれでも**わたしの肉を食べ、わたしの血を飲む者は、**永遠のいのちを持っ**ているので、わたしは終わりの日にその人をよみがえらせます。**

6：56 わたしの肉を食べ、わたしの血を飲む者は、**わたしの内に留まり、わたしも彼のうちに留まります**（著者注：**血の契約の本質**）。

6：57 生きておられる父が私をお遣わしになり、私が父のゆえに生きているように、**私を糧とする者は私のゆえに生きる**のです。

6：58 これは、天から下ってきたパンです。あなたがたの先祖が**食べ**（著者注：ファゴ・口に入れて）死んだようなもの（マナ）ではありません。このパンを**食べ**（著者注：トローゴ・**良く噛んで消化す**）る者は、永遠に生きます。

6：59 これらのことは、イエスがカペナウムで教えられた時、会堂で話されたこと（著者注：聞くには聞くが悟れない真理）である。

6：60 だから、**多くの弟子たち**は、これを聞いて言った。「これはひどいことば（**ロゴス**）だ。誰がそれを理解できるのか？」

6：63「いのちを与えるのは御霊です。肉は何の益ももたらしません。（著者注：例え話（ロゴス）の表面的な**肉の意味**に囚われてはいけない）わたしがあなたがたに話した**こ**とば（**レーマ**）は、霊であり、またいのちです」

6：66 その時から、多くの弟子たちが離れていき、もう彼とは一緒に歩かないようになった（著者注：悟れない者は自ら去って行った）。

6：67 そこで、イエスは12弟子に言われた。「あなたがたも、出て行きたいのです

か」（著者注：主は真の信仰者を求めている）

６：68 しかし、シモン・ペテロは彼に答えた。「主よ、わたしたちはだれのところへ行けばよいのでしょうか。あなたは**永遠のいのちのことば（レーマ）**を持っておられます。

６：69 私たちは、あなたが生ける神の子キリストであること知り、信じるようになりました」

「いのちのパン」の例え話こそ、**信仰によって御言葉を受け取るすべての人々の身体の中に、イエス自身が存在すること**を教えようとしているのですが、多くのユダヤ人群衆や弟子たちはそれを悟れませんでした。「自分と主イエスが一体となる血の契約」についての知識がなく、**古い自分は死んで存在しなくなり**、**「主・自分という２つの血」が流れる「新しい人」に生まれ変わる**こととして、この例え話を理解できなかったからです。

そして多くの弟子たちが去っていったのは、古い自分のまま「自我」を脱却できない人であったことを証明していて、主イエスと共にキリスト教を立ち上げ宣教していく器として不適任だったのです。霊の真理を求める者だけが留まったことが書かれています。

真の信者を見分ける「霊のふるい分け」は、パウロも経験しています（「ガラテ」4：14～17節 あなたがたの試練となるもの「肉体のとげの意味」）。

そして**「血の契約」についての知識のなさ**はそのまま、今の日本人に当てはまっています。多くの教会でクリスチャンの祈りが、「自分の苦しみや嘆き」をくどくどと言い連ねて、神様・主に「何とかしてください」と、すがりつくことに終始しています。

この現状こそ、血の契約による「生まれ変わり＝私・イエスとなった新しい自分、すなわち**イエスの名を使う権威を持っていること**」を正しく理解していない証明です。

とすれば、今の日本の教会で教える「(第1の義に留まる) 罪の悔い改め」教理が本流として存在する限り、「携挙される筈なのに」地上に残される「自称クリスチャン」が大勢出るのは、避けられないことでしょう。

神様・主イエスは、その人の自由意志のまま (信じて言葉にすること) を受け入れて実現させてくれます。ですから「携挙への確信を持つ」か否かは、その人の究極の自己責任です。

契約の義務と祝福。その条件

それでは、このイエス・キリストと弟子たちとの血の契約では、どんな契約の義務と祝福とが取り決められたのでしょうか？

「ルカ」22：29 わたしの父がわたしに王権(著者注：サタンに勝利する権威）を与えてくださったように、わたし（イエス）もあなたがたに**王権を与えます**（著者注：契約の義務＝祝福、原典である『新欽定訳聖書』では、［与える］の言葉は［appoint 約束する］であり、イエスが十字架で死んだ後、よみがえってからのことを表しています）。22：30 それであなたがたは、わたしの王国でわたしの食卓に着いて食事をし、イスラエルの12部族を裁く（義務の）ため王座に座るのです（著者注：契約の義務＝祝福）。

主イエスがこう約束できるからには、生きていたその時に、すでに天の父から王権を与えられていなければ言えることではありません。十字架の死に至る以前に、**神様と一体であり、天の権威を持っていた**こと（三一性）で契約を交わしていたのはすでに証明した通りです。

そうすると、ここで大きな疑問が発生してきます。それは、契約というものの要件が、「対等な立場であること」だから、人の子イエスが「人間として肉体的にできること」を契約の義務とし、弟子たちと契約したのなら何の支障もないのですが、そうではなく、「わたしの国でわたしの食卓に着いて食事をし、王座に着いて、イスラエルの十二の部族を裁く」と、**霊の世界での支配**を人間である弟子たちの義務としていることです。

これは間違いなく、イエス・キリストが死からよみがえって後の、「霊の世界での勝利」を意味しているのであって、単に**人のレベルで対等な関係だからといって、できる契約の内容ではありません。**

イエス・キリストが人の子でありつつ神様の力を内在させていて神様と一体であり、かつ契約の内容が霊的要求であるとすれば、凡庸な人間とは対等な関係でないのは明白であって、人と契約が交わせるのか**？**ということになります。

主イエスは最後の晩餐の後に、**杯**を取って弟子たちと**血の契約を交わしましたが**、その時、主イエスと弟子たちとは対等だったのでしょうか**？**

対等な関係になるには、上位の立場の者がその位を降りるか、下位の者が高められなければなりません。サウル王の子ヨナタンと羊飼いの子ダビデとの契約を、再び見てみましょう。

「Ｉサム」18：3 そして、ヨナタンはダビデを自分の魂のように愛したので、ヨナタンとダビデは**契約を結んだ。**18：4 ヨナタンは、着ていた**上着を脱いで、それをダビデに与え、自分のよろいかぶと、さらに剣、弓、帯までも彼に与えた。**

サウル王の子ヨナタン王子と、羊飼いダビデとの、強い**友情**による「血の契約」です。彼らは友として〔身分を超えて〕**対等な関係**を作りました。

当時、上着はその人の身分、職業などを示すものであったから、羊飼いダビデは王子ヨナタンと同じ立場に引き上げられたし、また、ヨナタンの武具を与えられたことは、ヨナタンがダビデを守ることの象徴でした。

契約の場合は、下位（ダビデ）の立場を上位（ヨナタン）に引き上げたほうが、お互いに祝福が大きいからです。ダビデは王子ヨナタンとともにサウル王の食卓に同席するように扱われています。

しかし、人と神様との場合、人が神様の立場にはなり得ないので、神様の側で人のレベルを、対等な立場にしなければなりません。**人であり神の子でもある主イエス**はどうしたのでしょうか。

「**ヨハネ**」**15：14** わたしがあなたがたに**命じることを**あなたがたが**行うなら**、あなたがたはわたしの友（著者注：お互いに対等で言いたいことを言い合う関係）**です。15：15** わたしはもはや、あなたがたをしもべとは呼びません。しもべは主人のしていることを知らないからです。わたし（イエス）はあなたがたを**友と呼びました**。なぜなら父から聞いたことをみな、あなたがたに知らせたからです。

友人同士は、各自の出自や経歴に関係なく、**まさしく対等な関係**なので、契約を交わすのに最もふさわしい状態です。そしてここでは、イエス・キリストから**命じたられたことを行う**のが、**友となる**ための条件であるとはっきり述べています。

＊さらに主イエスは、師弟関係の中では弟子からは取りづらい立場の「友」という目に見えないものではなく、具体的に**身分を下げる行動**によって、**対等な立場を弟子**

に示されました。

「ヨハネ」13：2 夕食が終わって、（後略）（著者注：夕食の後に杯から飲む直前）。
13：4 夕食の席から立ち上がって、上着を脱ぎ、手ぬぐいを取って彼の身にまとわれた（著者注：師の立場から離れました）。13：5 それから、たらいに水を注いで、弟子たちの足を洗い、ご自分が帯びていたタオルで拭き始められた（著者注：主イエスが弟子の立場まで降りたのです）。13：6 そして、イエスがシモン・ペテロのところに来られたので、ペテロは彼に言った。「主よ。あなたが、私の足を洗ってくださるのですか」
13：7 イエスは答えて言われた。「わたしがしていることは、あなたがたには今は分からないが、あとで（著者注：死からのよみがえりの後に）分かるようになります」
13：8 ペテロはイエスに言った。「決して私の足を洗わないでください」イエスは彼に答えられた。「もしわたしがあなたを洗わなければ、あなたはわたしと何の関係もないことになる」（著者注：ペテロに対して、対等な立場になれないから、血の契約を交わせない関係のままに留まるため。：9～：11省略）

13：12 イエスは、彼らの足を洗い終わって、上着を着け（**師の立場に戻って**）、再び席に着いて、彼らに言われた。「わたしがあなたがたに何をしたのか、分かりますか」

13節からの主イエスの説明は、本来的な契約成立のためだったとの理由ではなく、今後の弟子たちの取るべき態度を「模範として示した」と言っています。

*それは、ここで「主イエスがし**もべの立場を取ったこと**」は、**契約上の要件として弟子たちと対等になるための**、**神の子イエスだけに関わる問題**であり、弟子たち人間にとっては無関係・意味ないことだからなのです。

だから7節で「**後で分かるようになります**」と言っているのは、弟子たちに模範を示したことを指しているのではありません。十字架の死とよみがえりの**真の目的**＝**血の契約**を理解した時に、「ああ、そうだったのか」と納得することを意味した言葉です。

「互いに足を洗い合うように」と言ったのは、弟子の心構えとして「仕え合う」精神を基本にしなさいという、実践のための訓示でした。その根拠は、17節です。

「ヨハネ」13：17「これらのことを**知り**、それを**実行する**（仕え合う）ならば、あなた方は**祝福されるのです**」

そしてこの（神様と一体である）主イエスが人間として、弟子たちと同格・対等な人間レベルの立場同士になった上で契約を交わすから、その契約は合法的で有効なものとなります。

従って、この**洗足の後**に「**杯を交わす**」から、主イエスには「**イエス・弟子たち**」の血が流れ、弟子たちには「**各弟子・イエス**」という血が流れることになるのです。

このように人間のレベル同士で交わされた契約なのですが、一方の当事者である主イエスは、その**身体の中に父なる神が存在していて**、主イエスと神様とは一つ（三一性）であるから、神＝イエス、という霊的な対等関係を内在させています。

「ヨハネ」17：21 それは、父なる**あなたがわたしの内におられ、わたしがあなたの内にいるように、彼らもまた、わたしたち**（著者注：神・キリスト）**の内に一つとなる**ためです。そのことによって、あなたがわたしを遣わされたことを、世が信じるようになるためです。**17：22** あなたがわたしに下さった栄光を、わたしは彼らに与えました。それは、**わたしたちが一つであるように、彼らも一つであるため**です。17：23 **わたしは彼らの中に**おり、**あなたはわたしの中に**おられます。それは、彼らが一つに完成されるためです。そして、あなたがわたしを遣わされ、あなたがわたしを愛されたように彼らをも愛されたこととを、この世が知るようになるためです。

この時仲介者であるイエス・キリストは、人の側に人のレベルで対等な関係になり、一方、内在する神性・聖霊は、神様と一体で当然対等な関係なので、従って、イエス＝人、という初めの人間レベルでの対等な関係で契約が成立している時、契約の方程式として、**神様＝主イエス＝人**、となり、主イエスを挟んで、神様と人との契約が可能となるのです。つまり、**天におられる神様と、地上の人間とを、イエス・キリストが仲介者として結びつけている**のです。この真理が次の主イエスの言葉です。

「**ヨハネ**」**14：6** イエスは彼に言われた。「わたしが道であり、真理であり、いのちです。わたしを通してでなければ、だれ一人父のみもとに来ることはありません。

クリスチャンは、この事実がいかに偉大な奇跡であるかを知らなければなりません。

方程式では、**神様＝主イエス＝人**、と表しましたが、これを霊的パワーとして数字で置き換えて、わかりやすく表してみましょう。

神様１００＝イエス（聖霊１００／人５）＝人５　と仮定すると、

神様１００＝人５　とは、本来あり得ない数式ですが、間に主イエス（聖霊１００／人５）が、仲介者として存在することで、人の契約の立場５を、神様のレベル１００まで引き上げてくれたことが、よく分かります。

だから、**血の契約によるクリスチャンの立場は、霊的に完全に神様と同じところまで引き上げられている**のです。これを感謝せずにいられるでしょうか。

旧約聖書時代には、神様が人のレベル５まで降りてきて交わした契約だったので、人々には霊的パワーがなく、それゆえ神様は、イスラエル人を律法で縛り、逐一、指示を出さねばなりませんでした。しかし、現代の我々クリスチャンは、**仲介者イエス・キリスト**により、神様とも契約を交わした者として、神様の１００の霊的パワー（聖霊）が内在する者とされています。

しかしここで、信仰の根拠を「憐れみによる」としているなら、そのクリスチャンの霊的パワーは、人としての5でしかないのです。つまりユダヤ教と同じです。

だからキリスト教では**血の契約の当事者**として、聖書に書かれた御言葉を信頼し、イエス・キリストの期待に100%応える行動に出なければならないのです。それがすなわち**契約の義務**です。

「ヨハネ」14：12 あなたがたに絶対に断言して言うが、**わたしを信じる者は、わたしの行うわざを行い、またこれらよりもさらに大きなわざを行います**。わたしが父のもとに行くからです。

15：14 わたしがあなたがたに**命じることを**あなたがたが**行うなら**、あなたがたはわたしの「**友**（著者注：お互いに対等で言いたいことを言い合う関係）」です。15：15 わたしはもはや、あなたがたをしもべ（著者注：旧約時代の霊の関係性）とは呼びません。しもべは主人のしていることを知らないからです。わたしはあなたがたを「**友**」**と呼びました**。なぜなら父から聞いたことをみな、あなたがたに知らせたからです。

これが、「神様の約束を信じる者」が契約成立の条件「**友**」として、イエス・キリストと対等になり得る唯一の手段です。その内容は、天の父なる神様が望んでいる「**地上の支配者**」**としての行動**であり、イエス・キリストが十字架で死んで、またよみがえったことの目的なのです。イエス・キリスト自身も、神様の命令に従っていると告白しています。

「**ヨハネ**」**6：38** わたしが天から下ってきたのは、わたし自身の意志を行うためではなく、わたしを遣わした方の御心を行うためです。

14：31 しかしそれは、わたしが父を愛しており、**父がわたしに命じられた通りを行っている**ことを世が知るためです（後略）。

新しい契約によれば、神様・主イエスがクリスチャンに「しなさい」と命じておられることを行う権威と力は、すでに与えられているので何も恐れることはありません。それは、イエス・キリストが「**わたしの名**」を使って求めなさい（要求しなさい）と教えている通りです。

「イエスの名」もしくは、「イエス・キリストの名」「主イエスの名」とは、契約によってクリスチャンに与えられた神様の権威そのものであり、サタン・悪霊はこの名を使った命令に従わざるを得なくなっています。だから「信仰の行い」に出ることを恐れる必要は全くないのです。

「マルコ」16：17信じる人（クリスチャン）にはこれらのしるしが伴います。すなわち、**私の名（イエスの名）によって悪霊を追い出し、新しい異言で話すようになり、**16：18**蛇を**退治し、**たとい毒を飲んでも決して害を被らない。また、病人に手を置けば彼らは**回復する。16：19そこで、主イエスは、彼らに語られた後、天に上げられて神の右の座に着かれた。16：20そこで、彼らは出て行って、あちこちで宣教した。主は彼らとともに働き、**御言葉に伴うしるし**（証拠となる奇蹟）をもって、御言葉を確証された。アーメン（著者注：**主イエスに祈り求めるのではありません**）。

クリスチャンが「**イエスの名**」によって、サタンがもたらす災いや悪霊に向かって、「どけ」「出て行け」と命令すれば、彼らには、クリスチャンが人間として言っているのではなく、イエス・キリストが命令しているとしか見えず、その言葉に従わざるを得ないのです。だから、命令する時は堂々とした態度・声でなければなりません。おどおどしながら、へっぴり腰で上ずった声を出すならば、サタンはその人の信仰の足りなさを見抜き、逆襲してくるでしょう。

主イエスが教えている「命令」のやり方を正しく学び、クリスチャンならその通りに行わなければなりません。だから聖書を正しく学ばねはなりません。

以下の各節に付加した（**著者注**）によって、本質を捉えてください。

「**マタイ**」**21：21** そこでイエスは答えて言われた。「確かなこととして（**保証して**）、あなたがたに言う。もしあなたがたが、**信仰を持ち、疑わなければ**、いちじくの木になされたことができるばかりか、この山（**問題**）に向かって、『取り除かれて海に投げ込まれよ（**なくなれ**）』と言えば（**命令すれば**）、それが実現する（**望む結果になる**）」（著者注：この時、「信仰を持ち、疑うことがなければ」が絶対的な前提条件です）

21：22 あなたがたが〈**心底から**〉信じて、祈りの中で求めるなら、何でも受け取れます。

「**マルコ**」**11：23** 確かなこととして（保証して）、あなたがたに言う。だれでも、この山（**問題**）に向かって、『取り除かれて海に投げ込まれよ（**なくなれ**）』と言い（**命令し**）、心の中で疑わず、その言ったことが実現すると信じる者は、その言った（**命令した**）ことを何でも手に入れることができるのです。**11：24** だからあなたがたに言うが、あなたがたが祈って求めるものは何でも、**すでに受けたと信じ**なさい。そう（**先取りの感謝を**）すればその通りに受け取ります。

「**ヨハネ**」14：12 絶対確かなこととして、あなたがたに言う。「わたしが父のもとに行くので、わたしを信じる者には（聖霊がその人に臨むから）、彼はわたしの行うわざを行い、また、これらよりも大きなわざを行う。14：13「そして、「**わたしの名**」によって、あなたがた〈立ちはだかる問題に向かって解決を〉求める（**要求する**）ことは何でも、わたしはそれ（**解決結果**）をしましょう（**現実にする**）。父が子によって栄光をお受けになるようにするためです。14：14 あなたがたが、「**わたしの名**」によって何か（**望む結果**）を求める（**要求する**）なら、わたしはそれをしましょう（望む結果を**現実にしましょう**）」

●この14節で、原典の『新欽定訳聖書』にはない「**わたしに**」という言葉が、多くの日本語聖書で誤訳・挿入されて、この文節に入っているために、とんでもない解釈になってしまっています。NKJV Joh 14：14 "If you ask anything in My name, I will do it.

誤訳例14：14 あなたがたが、わたしの名によって何かを「**わたしに**」求めるなら、わたしはそれをしましょう［著者注：**わたしに**（原典にはない単語）］。

その結果、イエス・キリストが**自分の代わりに働いてくれるかのように**教え込まれ、何でもかんでも、イエス・キリストにおんぶに抱っこで頼み込むのが「求める祈り」だというふうに、捉えてしまっていることです。これが正に霊的幼児ですが、その原因は「誤訳」によるのです。

「マタイ」21：21節と整合しつつ文脈を捉えるなら、本来の**求める相手**は「問題そのもの・壁となって解決をはばんでいる者」であるのは間違いありません。そしてその「命令実行者」は「**あなた**」です。だから、次のように理解すべきです。

「**ヨハネ**」**14：14 あなた**が、「**わたしの名**＝イエス・キリストの権威を行使する代理権」によって、何か（はっきりと望む解決結果）を、「問題そのもの・解決をはばんでいる者」に求める（要求する）なら、わたしイエスはそれ（はばんでいる霊的障害をどけること）をしましょう。そして望む結果が現実になります。

キリスト教では、クリスチャンがイエス・キリストの代理者として、**自らが問題解決の命令を**、「**イエスの名**」で**問題に向かって発する**のです。これが神様が定めた「**第１原則**」

です。

あなたが地上で「意思決定と命令を**しない**」なら、天でも「その発令は**されない**」と、規定されています。この絶対性は第10章「**血の契約**」**すなわち**「**神の義**」で、御言葉で証明します。

尚、この時、具体的に「どんな結果を求めているのか」を、明確に言葉にできていなくてはなりません。そしてその勝利の結果を「すでに手にしている」と堂々と告白し、「先取りの感謝」をささげることです。この神様・主イエスを信頼した「栄光を返す祈り」によって、「求めた望み」が実現するのです。

イエス・キリストに「おんぶに抱っこ」で頼りすがる霊的幼児から成長しましょう。

第9章

生まれ変わりを証明する「新しい名前」

生まれ変わりの本質は「イエス・あなた」という、《**二人の血**が流れる**過去と絶縁した新しい人格になる**》ことです。ですから、罪を包含した肉体で生まれた時からの名前では、神様に対してあなたの霊的正しさ「義」の筋が通りません。

新しい人格と新しい名前

洗礼名の霊的意義は、サタンに勝利する霊的権威を付与された人間の証明です。従って、サタンに対してこそ知らしむべき霊的立場です。体を名で表すのです。

新約聖書では、弟子たちをはじめ多くの信仰者たちが、受けた賜物を表す新しい名前で呼ばれ直しています。

神様・主イエスに忠実であろうとするなら、新しい名前とそれにふさわしい行動を示すべきです。

現代の私たちは、主イエスを救い主と信じて「生まれ変わり」をするのですが、これまでの説明通り、主イエスと血の契約を交わした関係となって、「私」は［**私・主イエス**］という二人の血が流れる、**新しい人格**になったのです。

このことこそ、キリスト教のキリスト教たる基盤であって、**自分と神様との確固たる、**

義の位置関係を構築するものであり、「**生まれ変わり**」と呼ばれることの本質です。

「水のバプテスマ」で「悔い改め」たから「生まれ変わる」のではありません。悔い改めても、**自我は元の古い人のまま**だからです。

次の各聖句のキーワードは、「**新しい・新しく**」です。

「ヨハネ」3：3　イエスは彼に答えて言われた。「断言するが、人は**新しく生まれなければ**、神の国を見ることはできない」

「IIコリ」5：17　ですから、だれでもキリストのうちにあるなら、その人は**新しく造られた者**であり、古いものは過ぎ去って、見よ。すべてのものが新しくなりました。

「エペソ」4：24　まことの義と聖に基づいて神にかたどり造り出された、**新しい人**を身に着るのです。

「コロサ」3：9　あなたがたは、行いによる古い人を脱ぎ捨てたのだから、互いにうそをついてはならない。

3：10　そして、自分を造られた方の像に従って、知識を新たにする**新しい人**を身につけたのです。

そして「血の契約」で「生まれ変わった」ことを、**毎日の生活で思い起こす**ようにしているのが、カトリック教派で行われているもので、いわゆる「洗礼名」として与えられる第2の名前です（概念と手段の相似として例に挙げました。欧米人のミドルネームのことではありません。それはやはり生来の名前です）。

これは「血の契約」の観点からは非常に重要な意味を持つものであり、本来、すべてのクリスチャンが、主イエスと「**血の契約を交わして**」「過去のない［**私・主イエス**］という**新しい自分**」になった事実を、日々顧み自覚するためにふさわしいあり方として、プロテスタントを含めて、キリスト教全体のシステムとして、「**新しい**（**賜物による**）**名前**」を呼び合うように扱われるべきです。

なぜなら聖書は、「古いものは過ぎ去って」「古い人をその行いといっしょに脱ぎ捨てて」と言っていて、「**死んだ古い人**」の**名前のままで生きるのはふさわしくない**からです。

否、霊的に「**正しくない**」と言うべきです。

神様も主イエスもともに、血の契約に伴ってこの「**新しい名**」を付けさせています。

「**創世記**」**17：5** あなたの名は、もう、アブラムと呼ばれない。**あなたの名はアブ**

ラハムと呼ばれる。わたしはあなたを多くの国民の父と**したのだから**。

「**創世記**」32：28 その人は言った。「あなたの名は、もうヤコブとは呼ばれない。**イスラエルだ**。あなたは**神**と戦い、人と戦って、勝利したからだ」（著者注：ヤコブへの主の祝福は、「創世記」28章13〜15節）

「**出エジ**」2：10 そしてその子が成長し（13歳ぐらいか）の時、女はその子をパロの娘のところに連れて行き、その子は王女の息子となった。そこで彼女はその名を**モーセと呼んだ**「私が彼を水から引き上げたからです」（著者注：彼の生来の名前は不明です）

「**民数記**」13：16（前略）。そのときモーセは、ヌンの子ホセアを**ヨシュアと名付けた**（著者注：「ヨシュア」は、「イエス」のギリシャ語読みです）。

「**マルコ**」3：16 こうして、イエスは十二弟子を任命された。そして、シモンには**ペテロ**という名を与えられた。

3：17 ゼベダイの子ヤコブとヤコブの兄弟ヨハネの二人には、**ボアネルゲ**、すなわち、雷の子という名を与えられた（著者注：師弟の関係になった中で、この3人の信仰が、特に主イエスの求める霊的レベルに近かったからです）。

名前を変えさせているのは、信じる者が血の契約によって、「**主イエス・その人**」という新しい人格に変わるから、それを本人に強く意識付けて、それまでの古い（死んだ）自分とは**次元の異なる新しい人生**に歩み出させ、賜物を現実にさせるためです。

前記のほか、取税人レビ→**マタイ**（「マルコ」2：14、「ルカ」5：27～29）、バルナバのいとこヨハネ→**マルコ**（「コロサ」4：10）、キプロス生まれのヨセフ→**バルナバ**（「使徒」4：36）など。

使徒パウロの場合の特殊性

彼は元々サウロという名で知られ、パリサイ派ユダヤ教徒としてクリスチャンを厳しく迫害する者であったことが、当時のユダヤ人社会によく知られていました。その彼がダマスコへの途上で主イエスの語りかけを受け、目が見えなくなったのですが、3日後にアナニヤという主の弟子によって導かれ、「**主イエスの名によるバプテスマ**」を受け聖霊に満たされました（「使徒」9：1～22節）。

本来ならここで彼は、新しい名「**パウロ**」と呼ばれる筈ですが、クリスチャンになった後もしばらくの間サウロのままでした。それはなぜなのでしょうか。

それは「パリサイ派指導者として、**キリスト信仰者を激しく迫害していた彼**」からの態度の急変ぶりに、クリスチャンの側ではまだ、心から彼を受け入れることができなかったからです。「使徒」９：20～29節にその状況が書かれていますが、周りの人々がそのような疑いの目で見ていたので、彼自身が（生まれ変わった者**パウロ**として）霊の賜物を発揮できなかったからでしょう。

しかしクリスチャンの仲間として、信頼に足る働き（「使徒」11：29～30、12：25）をした後に、ある事件をきっかけにして、パウロと呼ばれるようになりました。これ以降、彼はすべて**パウロ**と呼ばれていて、我々が倣うべき信仰の先達となりました。しかし、**だれ**によって**パウロ**と**名付けられたか**は、聖書に書かれておらず不明です。この点に関し、

彼の呼び名について、サウロというのがヘブル語名で、〔**パウロがローマ名だとする解釈**〕が、【新改訳聖書】「使徒13：９」脚注に書かれ、〔【聖書辞典】５０９ページ、いのちのことば社〕にも同じ解釈が書かれているのですが、霊的な解釈としては正しくありません。

なぜなら、「新しい人に生まれ変わった」のに、「元々持っていた「別名」を使い出した」のなら、サウロ**本人**と、かつての**彼**「教会を激しく迫害した者」**を知っている人々**にとっては、単なる「隠れ蓑」または「方便」であって、**彼の人格の本質が変えられた**、とは受け入れられないからです。だから9節までは「バルナバと**サウロ**」と書かれているのです。

そしてサウロ自身も、自分が「古い人は死んで、新しく生まれ変わった」とする信仰の価値観において、生来の別名・ローマ名で通用すると考える筈がありません。**別名であってもそれは**、「**古い人**、つまり教会を激しく迫害した者」**に間違いないから**です。

そして後の彼パウロは、「私にならう者になってください（「Ｉコリ」４：16）と語るまでに、「生まれ変わった救いを確信している」から、その自負心と自尊心によって、古い名前を使い続けることが「**自分で赦せなかった**」とすべきでしょう。彼の信仰の一途さは、

「**Ｉコリ**」**９：15** 私は自分の誇りをだれかに奪われるよりは、死んだほうがましだからです。

と、自分の性格が「直情的」であり、「福音を宣べ伝えることに真剣だった」ことを宣言している通りです。だから彼の決心によれば、もしそれが「**霊的矛盾となる古いローマ名**」ならば、下水口に捨てるように破棄していると判断すべきです。

従って「**パウロ**がローマ名（自身の別名）である」との解釈は、「**血の契約による生まれ変わり**」**を信じた彼の信仰と、神様の霊的視点**からは採用できない論説です。

「使徒」13：1節から読んでいくと、同労者バルナバが彼をパウロと呼んでいたと推測できます。それは6～12節までの「魔術師エルマへの霊の対処」があまりに強烈だったので、それまで伝道隊のリーダーだったバルナバに代わって、サウロが主役になる変わり目となりました。これによって13節では、「**パウロの一行**」と彼が主導者になりました。

　「使徒」13：9　すると、**パウロの名でも呼ばれるサウロ**が、聖霊に満たされながら、
じっと彼を見つめた（著者注：すでにパウロという名は伝道隊の中では知られていました）。

彼がパウロと呼ばれるようになったその真髄は、聖霊に満たされた働きをしたからであり、その力の源はすなわち、「聖霊のバプテスマ」を授かっていることです。弟子アナニ

ヤが、サウロの上に手を置いて祈った時、「主イエスの名によるバプテスマ」と同時に「聖霊のバプテスマ」を受けたと考えられます。

サウロであった彼は、彼なりの価値観で「**熱心に神に従う者**」だったから、新しい知識を得た時、「主イエスの名によるバプテスマ」で、同時に聖霊を受けられた筈です。

この時点で、生まれ変わった者として「新しい名前パウロ」に変わっている筈ですが、しかし長い間、その名は少数者内に留まり前面に出ることはなかったのです。

＊新しい人生に踏み出すのに、死んだ人の古い名前のままなのは**道理に合わず、筋が通りません**。この矛盾をそのままにしてキリスト教を語るから、聞く人を納得させられないのです。

クリスチャンになること、すなわち血の契約では、イエス・キリストの血が信じる者一人ひとりの身体に流れるのだから、それぞれが「**主イエス・その人**」という主権を持つ、地上における「**キリストの分身**」に任命されているのです。

ですから自己認識としての「第3の義」を表すのに、「代理者・代行者」との言葉では、その霊的意味が消えてしまうので、ふさわしくないといえます。

このような本質であるのに、現代のキリスト教では、「**私は、主イエスの血が流れる新しい自分になった。**」という認識を持たせていないため、多くの教会ではなすべき行動と取るべき態度が、全く神様の求めるものと正反対になってしまっています。

具体的には、「新しい名前」と「毎月の聖餐式＝血の契約の本質を思い起こすこと」をしていないためです。少なくともこの2つを正しく理解しないと、クリスチャンに血の契約による「義務意識」は育ちません。

ここで「生まれ変わり」の根拠について、多分に間違った引用と解説がされているのを述べておきます。それは「ローマ」6章で、パウロが、罪と縁を切り解放されたことを教えるために、イエス・キリストの死と復活との関係を述べている部分です。

「**ローマ**」**6：4**ですから、私たちは　バプテスマによって、キリストとともに死に葬られたのです。キリストが父の栄光によって死者の中からよみがえられたと同じく、私たちも新しいいのちのうちに歩むためです。**6：5**もし私たちが、キリストの死に同じように一体に結ばれてしまっているのなら、必ずキリストの復活とも同じようになります。**6：6**それは、私たちの古い人がキリストとともに十字架につけられ、罪の体が取り除かれ、私たちがもはや罪の奴隷でないようにするためだと、知っています。6：7 死んでしまった者は、罪から解放されているからです。6：8 もし私たちがキリストとともに死んだのなら、私たちもまたキリストとともに生きることを信じます（9、10節 省略）。6：11 あなたがたも同様に、自分自身が罪のために死んでいるが、私たちの主キリスト・イエスにあって神に対して生きていることを自覚しなさい。

ここでパウロは、「生まれ変わりのプロセス／内容」を説明しているのですが、その目的は「罪からの決別」であって、「生まれ変わりの霊的根拠」ではありません。

その理由は、一旦死んだ人間がよみがえらされたとしても、それは「**古い人**が再び生き返った」のであって、その人の本質〔霊・魂・自我〕が、「過去のない新生者（第3の**別人格**＝キリスト教の絶対原則）に生まれ変わったのではない」からです。

従って、十字架で死んだキリストとともに自我が死んだ者となった、と理解するのは正しいけれども、「その死からよみがえったこと」を「生まれ変わり（霊の新生）の根拠」とする解釈は正しくないのです。

なぜなら、これらの文節には、よみがえった**者の身体にキリスト・イエスの血が流れているることが証明されていない**からです。だから「力強い信仰」には至りません。

「Ⅱコリ」5：17ですから、だれでもキリストのうちにあるなら、その人は新しく造られた者です。**古いものは過ぎ去り、すべてのものが新しくなりました。**

ここで「新しく造られた者・すべてのものが新しくなりました」と書いてあるのは、「血の契約」によってイエス・キリストの血が混じって流れる「**あなた・主イエスという別人格**」に変えられたからです。だから古い人は当然に（死んでいなくなった）と、**霊的立場の変化に納得できるし**、**そのように自意識を変えていかなくてはならないのです**。

しかし、罪からの決別の教えを、「生まれ変わり」だと捉えている（正しいがそれは一部分でしかない）ので、古い人の自我のまま「罪意識」を払拭できない教理に留まり、悔い改めばかりの祈りや、自己卑下の告白をすることが良い祈りだと勘違いしています。

それはイエス・キリストが十字架で「罪を贖ってくれたこと」を、それがすなわち「霊の救い」だとして、引き続いて何でもキリストに任せる（問題解決を押しつける）ことで、願いが成就すると勘違いしているからです。これが入信原理に留まる霊的幼児です。

その結果、主イエスがクリスチャンにしてほしいと願っていること（契約の義務）を果たしていないばかりか、自らサタンの落とし穴に落ちてかえって契約の呪い［逆の結果］を招いたり、泣き言の本質がさらに大きくなったりするのです。

契約とは、お互いに相手に利益を与えるのが目的だから、何もしないでいたり、自分だけの利益を追求したりするなら、ついにはその不法責任を取らざるを得なくなります。

そしてキリスト教の聖書も又、契約を基礎とした書物なので、**神は愛であるとともに、契約のドライさ**（義務＝祝福、不履行＝呪い）を尺度とした読解をしていかなければなりません。

神様は公正・公平で義である方なので、信じる者には誰にでも分け隔てなく平等に、「信仰」と「賜物」が準備されていて、「（8種類ある）**祈り**」によって、必ず願いが叶えられることになっています。この契約の真理（原理原則）に従って、信仰の行動に出るか出ないかが、別れ道なのだと理解しなければなりません。

しかし日本のクリスチャンは、キリスト教の実践で次の間違いを犯してしまっています。端的にいえば、自分の「契約の義務」を忘れ、「苦しい時の神頼み」で神に泣きついているだけであり、自分の義務＝「義とされた者の行動」をしていないから、神様の側からは祝福の与えようがないのです。

義務を果たすという条件を満たさないばかりか、「そこを何とかお願いします」とすがりつき泣きつくことで、自分を特別扱いしてほしいと、〔無意識のうちに〕神様の公平・公正さを覆そうとしていることになります。

そして招いた結果が、本人の自由意志による自己責任であると分からず、「何で神はこんな苦難を与えるのか？」と、神様の正義を疑う不義に陥ってしまうのです。

この時、**新しい名前で呼ばれていたなら**、その自分の「救われた霊的立場」が、「神の子である〔神の義の霊的力〕」ことを認識し直せて、次に「信仰の行い＝神の義の霊的権威を発揮する」ことの必要性・重要性に気付けるのです。

第10章
「血の契約」すなわち「神の義」

それならこの約束の根拠は何でしょうか。それこそ「血の契約」で、天で生きている主イエスの霊の身体にクリスチャン一人ひとりの血が流れているからであって、各クリスチャンの持つ要望がすなわち、主イエス自身が達成したいと願うものになるからです。

そして霊の世界で準備してくださったその解決を、今度はクリスチャンの身体に宿る主イエスが自分自身の要求を満たすために、この世で現実にする（すなわちクリスチャンを祝福する）のを、祈り求めたクリスチャンが信仰で受け取るのです。

そしてその条件は、まずクリスチャンが、その行動の第1歩を踏み出さねばならないことです。

＊＊お互いに自分と主イエスの血が流れ合う「新しい人」になっているからこそ、理論的に確実な手段［約束された結果、権威、法的拘束力］であることが保証されているのです。

だから、主イエスの栄光のために求めるものは、すべてが与えられると確信することができる筈であり、もしそうでないなら信じているものはキリスト教ではないとまでいえます。このように、直面する問題そのものに向かって、「なくなれ」と命令すれば、その通りになると約束され、そのために「イエスの名＝イエス・キリストの権威」という武器が与えられているのです（「マルコ」16：17、「ヨハネ」14：13・14）。

これが新しい契約の義務と祝福であって、クリスチャンの祈り（イエスの名による命令）によって、天では、その**言った通りになるように**、霊の世界で状況を整え、この世の出来事として現状を動かし、結果を与えてくださるのです。

そのことは「**地上で**［**縛る**］［**解く**］**ことは、天でも**［**縛る**］［**解く**］**ようにされる**」という御言葉で裏付けられていて、しかも**クリスチャンが主役である**ことを教えています。

「マタイ」16：19 わたしは、あなたに天の王国のかぎを与えよう。**何でもあなたが地上で縛るものは天でも縛られ、あなたが地上で解くなら、それは天においても解かれます。**

「マタイ」18：18「断言して、あなたがた（クリスチャン）に言います。**どんなことでもあなたが地上で縛るものは、天でも縛られ、あなたが地上で解くものは、天で**

も解かれるのです」18：19「あなたがたにもう一度言いますが、もし、地上であなたがたのうちの二人が、どんなことでも求めるものについて、心を一にして祈るなら、天におられるわたしの父は、彼らのためにそれを叶えてくださいます」

「マタイの福音書」で、「縛る」「解く」と言われたのは何のことでしょうか。この**動作の主体者は、クリスチャン**であり、**それに従って天も同じことをする**と言っています。

つまり、あなたが**「信仰の行い」の第1歩を踏み出すことをきっかけ**として、天（三一性の神）がその結果を現実にしてくれるのです。

頼りすがる幼児として自分では何もせず、「何々をしてください」と主イエスに願い求めても、その問題解決はほど遠いものです。

「ヨハネ」20：22（前略）、彼らに息を吹きかけて言われた。「聖霊を受けなさい」**20：23**「もしあなたがだれか（**サタン**）の罪を赦すなら、その罪は（天でも）赦され（ないものとされ）、あなたがだれか（**サタン**）の罪をそのまま留めるなら、それはそのまま（天でも裁きの対象の罪として）留め置かれます」

クリスチャンがサタンに対して、罪を罪として咎めることをしない（解く）なら、それは天において（神としても）、サタンのその活動を赦してしまうことなのです。逆にクリスチャンがこの世で罪を罪として訴追する（縛る）なら、神の力で必ず罰せられるために罪として残るのです。

ここで、「だれかの罪」と書かれている言葉を、「人の罪」と解釈してはなりません。なぜなら主イエスは「人の罪は赦しなさい」と、何度もクリスチャンに指示しているからです。

「**マタイ**」**6：14** もし、人の罪（著者注：パラプトーマ・過ち）を赦すなら、あなたがたの天の父もまた、あなたを赦してくださるでしょう。
6：15 しかし、もしあなたが人の罪を赦さないなら、あなたがたの父もあなたの罪を赦さないでしょう。

「**マルコ**」**11：25**「そして、あなたが祈っている時に、だれかに恨みがあれば、その人を赦しなさい。そうすれば、天におられるあなたがたの父も、あなたの罪を赦してくださいます。

「**ルカ**」**6：37** 裁いてはいけない。そうすれば、自分も裁かれない。人を非難してはならない、そうすれば、自分も非難されることはない。赦しなさい。そうすれば、自分も赦されます。

このように、人に対しては愛を示すことが大切ですが、この時、背後に隠れて操る**サタン・悪霊に対しては、断固たる拒絶姿勢を取り、「イエスの名」で追い出さなければなりません。**

それは、**「人に地上を支配させよう。」という、神様の創造の意図を、永遠に全うしていくため**であり、クリスチャンをして神の御心をこの世に実現させる支配者に任命してくれていることに応えるためです。

だから契約の観点からすれば、これを行わない者は、クリスチャンではありません。「しなさい」と言われていることをしないので、かえって契約の呪い（不作為の負の結果）を招いてしまうだけです。

＊神様の救いの約束では、イエス・キリストを信じ、救い主とする旨の告白をするだけで、関係性が成立するので、その《生まれ変わって新しい人格になった手続き》を、《聖餐式の杯で「血の契約」として体現・実感し、自身の信仰の根拠にする》

という、単純明快なものです。

そして神様がその人を見て、「主を信じる**義**」であるとその人を評価した時、その人は「**神の義**」になっています。だから「神の義」とは、神様が与えてくれる評価であって、その人が持つ自分自身への感覚ではないので、「義」と「神の義」の違いをしっかり理解していなくてはなりません。


「義」は、**信じる**という決心によって、自分が作り上げるもの（3段階の自己認識）です。

では「神の義」とは何のことでしょうか？　神様から見たその人の評価ですが、神様はどう扱われるのでしょうか。「神の義」を把握しておきましょう。

まず「生来の自分の義（第1の義）」から、信仰によって生まれ変わりをした時点（第2の義）で、その人にとっての、「**義**」**の本質が**、「**神の義**」**に変わる**のです。

それは、救われた人すなわち生まれ変わりをして「神の義」と評価された人は、今度はその「**神の義**」**が**、**そのまま**「**契約の義務**」**になる**ことです。

信じるだけでよかったものが、その信じて受けた祝福を実行しなければならない立場におかれるのです。

つまりクリスチャンとしての毎日の生活態度が、「神の義」を実行しなければならないものになり、もし実行しない（契約の義務を果たさない）なら、その人は当然「義」ではなくなってしまうのです。

すなわち、**信じるという決心によって自分が造り上げたものが崩れ落ちる**のです。これがキリスト教における、新しい契約の本質であり、**人生を神様・主イエスとともに歩む「ビジネス」**といえるものです。

だからクリスチャンならば、「神の義」を完全に理解し、心から神様・主イエスを信頼し、自分が「義（清く正しい者）」とされていることに感謝しつつ、**神の義を実践する行動をしなければなりません。**

それがヤコブが主張する新約時代の「信仰の行い」であり、**その行動によって「信仰が義認され」、祝福の結果が与えられる**のです。

●新約聖書で約束されている、「霊的祝福」の結果について、30余りにのぼる「神の義」の中から、主だったものをリストアップします。クリスチャンならば実現しなければならない「血の契約」による霊の賜物です。

神の義 リスト

1. **神の子どもである。**「ヨハネ」1：12、「ローマ」8：14・16、「ガラテ」3：26、「Iヨハ」3：1

2. **神の相続人である。**「ガラテ」3：29、4：7、「エペソ」3：6、「コロサ」3：24、「テトス」3：7、「ヤコブ」2：5

3. **キリストとの共同相続人である。**「ローマ」8：17

A. 聖霊と力を受ける。「使徒」1：8、2：38、10：38、「ローマ」8：11、「テトス」3：6、「ヤコブ」4：5、「ヨハネ」20：22

B. 御国を相続する。「エペソ」1：11・14、「コロサ」3：24、「ヤコブ」2：5、「ヘブル」12：28

C. 平安が与えられる。「ヨハネ」14：27、「ピリピ」3：7

D. 永遠のいのちを受ける。「ヨハネ」3：15・16・36、5：24、6：40・54、10：28、17：2・3、「マタイ」19：29、「マルコ」10：29・30、「ローマ」6：23

E. 神の性質（いのちと敬虔に関するすべてのこと）にあずかる者になる。「IIペテ」1：2・3・4・5

F．奇跡を起こす権能が与えられる。「ヨハネ」6：5・6、「マルコ」6：37・38〜44、8：1〜8、8：17〜21

G．病気の癒しを引き出す力。「Ⅰペテ」2：24、「マタイ」8：16・17、「イザヤ」53：4・5

H．死人を生き返らせる力。「使徒」9：36〜40、20：9〜12

I．嵐を鎮める権威と力。「マタイ」8：23〜27、「マルコ」4：35〜41、「ルカ」8：25

J．悪霊を追い出す権威。「マルコ」3：14

K．天の財産を受け取る。「創世記」2：10〜12、「ハガイ」2：8、「黙示録」21：10〜21

L．御霊の賜物が与えられる。「ルカ」9：54、「Ⅰコリ」12：4〜10・28、「エペソ」4：7・11、「ローマ」12：6〜8、「Ⅰ列王」18：24〜40

4．圧倒的勝利者である。「ローマ」8：35・37、「Ⅱコリ」2：14、「Ⅰヨハ」4：4、「Ⅰヨハ」5：4・5

5．イエスキリストと兄弟姉妹である。「ローマ」8：29、「ヘブル」2：11・12

6．神・主イエスから友と呼ばれる。「ヨハネ」15：14・15、ヤコブ2：23、「イザヤ」41：8

7．祭司である。黙示1：5・6、「Ⅰペテ」2：5・9

8．大祭司である。「ヘブル」6：20、10：19・20、「Ⅰヨハ」3：21

9．キリストの使節（大使）である。「Ⅱコリ」5：19・20、「ヨハネ」20：23

10．聖い人である。「ヘブル」9：14、10：10・22、「コロサ」1：22、「Ⅰテサ」5：23、「Ⅰテモ」4：5、「Ⅱペテ」1：9、「Ⅰヨハ」1：7・9

11．預言者である。「ローマ」12：6、「ルカ」1：67・76・77、24：19、「マタイ」21：11・46

12．王・主である。「黙示録」1：5・6、「Ⅰテモ」6：15

13．キリストと一体である。「ローマ」6：5・8、12：5、「エペソ」1：23、「Ⅰコリ」6：15、「コロサ」1：18・24、2：20、3：1・15

14．神の宮、神殿である。「Ⅰコリ」3：16・17、6：19、「エペソ」2：20〜23

15．天に国籍がある。「ピリピ」3：20、「ヘブル」11：13〜16

16．霊のからだによみがえらされる。「Ⅰコリ」6：13〜15、「Ⅱコリ」4：14、「コロサ」2：12、「ピリピ」3：21、「Ⅰコリ」15：42〜44・51〜57

17．富む者となる。「Ⅱコリ」8：9、「マラキ」3：10〜12

18．神との平和を持つ。「ローマ」5：1、15：33、「Ⅱコリ」13：11、「ピリピ」4：9、

「Ⅱテサ」3：16
19．**新しく生まれた者。**「Ⅱコリ」5：17、「ヨハネ」3：3・7、「エペソ」4：24、「コロサ」3：10、「Ⅰペテ」1：3・23、「Ⅰヨハ」3：9、5：1・18
20．**神の所有物である。**「Ⅰペテ」2：9、「Ⅰコリ」6：20、7：23
21．**キリストの花嫁である。**「Ⅱコリ」11：2、「黙示録」19：7・8

教会のあり方や、クリスチャン自身の心と身体とで、神様が求めるこのような性質を具現化しているでしょうか？ 「**主イエスの血が自分の身体に流れている**」ことの実感を持たないと、「神の義」の行動は取れないでしょう。

この点に関して、多くの教会で間違った認識を持っていて、「義とされていること」を否定する発言を、かえって信仰深いとし、自ら罪の状態に陥っているのに気付かないでいます。それは人の「義の立場」の知識がないことによります。

それは「罪の赦し」の教理に留まり、それゆえに「自己卑下が正しい態度」となるので、自分の敬虔さを示そうとして、「私は罪ある者ですが、取るに足りない小さな願いを、恵みによって祈らせてもらうことに感謝します」などと、卑下した言い方で祈っていることですが、神様にはこのような祈りは通用しません。

なぜなら、神様は本音と建前を区別されない方なので、口に出す言葉はその人の心にあることそのものであると受け取るからであり、神様はその告白する言葉通りに、その人を取り扱われるからです。

そしてサタンは、これ幸いと、耳にした「私は罪深い取るに足りない者です」というマイナスの言葉＝罪（「ローマ」14：23 信仰から出ていないことはみな、罪です）がその人の上に、現実になるように動き出すのですが、これには神様としてもサタンの攻撃を止めることはできないのです。

それは「口にする言葉は現実になる」という信仰の原理によって、神様はプラス（祝福の結果）を、サタンはマイナス（災難・苦しみ・病気）をもたらし、その人の心の中にあることを現実にするからです。

これは、公平・公正な規則の神様が定めている、裁きの基準なのです。

「**マタイ**」**12：37** あなたの言葉によってあなたは正しいとされるのであり、また、罪に定められるのも、あなたの言葉によるのです。

18：18「断言して、あなた（クリスチャン）に言います。どんなことでもあなたが地上で縛るものは、天でも縛られ、あなたが地上で解くものは、天でも解かれるのです。

その人が普段から口にする言葉で、その人の将来を良い方向にも悪い方向にも、**自分で決めてしまっている**のです。この2つの御言葉から分かるのは、神様は「**あなたが主役である**」とし、人の意志が［良くも悪くも］、その人が言った通りに実現するようにしてくれるのです。

だからクリスチャンであれば、絶対にサタンに足を掬われないようにし、サタンからの災いをはねのけられるように、神様から与えられている**自分の評価**「**神の義**」**を実行していく努力**をし続けなくてはなりません。

「**イザヤ**」43：4 あなたはわたしの目には、貴重で尊い。わたしはあなたを愛している。

「**Ⅰコリ**」6：20 あなたは、（キリストの血の）代価を払って買い取られたのです。

「血の契約」を交わしたからこそその**「新しい霊の立場」**を信仰の根拠とするなら、「必ず天に引き上げられる」というのは当然ではないでしょうか。

あなたの身体に流れる「主イエスの血」が、本拠地「天の御国」に戻るからです。

まとめ

近未来に起こると預言されている「終末期」には、神様を100％信頼していないと、「約束された救い」から落ちこぼれる可能性があります。

それは、神様は自由意志を尊重されるから、その人の「思い込み（口にする告白の言葉）」のままに、その人を扱われるからです。

その「神様（聖書）を正しく理解していない」結果である《**知識のなさ**》は、自分が招く自己責任であって、最後の審判の時になって、「何とかお助け下さい」と泣きつきすがりついても、神様の公正・公平な義によれば、特別扱いされることはありません。

主イエスの「空中再臨」で、もし地上に取り残されたなら、「時すでに遅し」ですが、この厳しさが、キリスト教が「契約」であることのもう一つの真理だということを、全く理解できていません。

論理の堂々巡りになりますが、**「契約」とは、その義務内容を了承していることが前提**です。

そして「契約」とは、双方のなすべき責務をはっきりさせる「ドライ」なものですから、**そこに情緒や感情が入る余地はない**のです。

主イエスに「頼りすがる」という教えは、「契約について**無知なるがゆえ**の幼児の態度」です。

神様の愛は「アガパ（ギリシャ語）」であって、その意味するところは甘やかし「ストーギー」ではありません。

この本質的な間違い【無知なるがゆえに成長しない義】を正さねばなりませんが、それにはまず第一に、キリスト教とは神様・主イエス・キリストとの「**血の契約**」であることを、その概念を持たない日本人に初めの一歩から学んでもらわなければならないのです。

①仲介者・主イエスによって「対等な関係性・友」を保持し、「神様は「実子」と認めて

くださる」。

②「互いにどんな祝福を与えるか」を合意し、「神の義」：「栄光を神様に帰す」。

③「その責任を果たす義務」を負うこと、「サタンの仕業を打ち砕く」。

④「義務を行わないなら祝福の反対の結果（呪い・サタンの仕業）」を自ら招く。

⑤「すべてが自由意志であり自己責任」である。

⑥「生まれ変わりとは、イエス・キリストの分身になること」である。

①～⑥の条件を満たすものは、「**血の契約**」しかない。

キリスト教とは、これらを基礎にした論理的・合理的な、神様との契約関係なのです。

新約時代になって、クリスチャン自体が聖霊の賜物として、神様の力を発揮できるようになり、自分が自らや隣人のために、神様の守りを堅持することができるので、もはや神様は旧約時代のように、律法を厳格に守らせる目的のために、「**裁きや怒りの神**」としての顕現をする必要がなくなりました。

そして、**クリスチャンとは元々、神様を愛し、主の指示を守ろうとする自発的な意志を持っているの**で、旧約時代のイスラエル民族が持っていた、（強制を無批判に受け入れる）

奴隷根性や反発する態度はないから、神様の方では怒りを感じる筈がなく、クリスチャンにやさしく接してくれる「**天のお父さん・愛**」になるのは、当然なのです。

このように、神様の人に対する態度の変化（と感じるもの）は、新しい契約に基づいた結果であり、従って、旧約時代の第一の戒めとしての十戒と律法は、クリスチャンならば**当然守るべきこと**であるので、イエス・キリスト以降には強調する必要はなく、新約聖書では神様の愛を現す手段として、「隣人を自身のように愛せよ」という戒めが強調されるのです。

この「愛」の教えの根拠こそが「血の契約」であり、あなたに主イエスの血が流れているからです。

「マタイ」**22：37** イエスは彼に言われた。「あなたは心を尽くし、魂を尽くし、思いを尽くして、あなたの**神である主を愛さなければならない**」**22：38** これが第一の、そして偉大なる戒めです（著者注：クリスチャンなら当然守ること）。**22：39** そして二番目も同じく大切な、『あなたは**隣人をあなた自身のように愛さなければならない**』という戒めです（同意節、「マルコ」12：30・31、「ルカ」10：27）。

「ヨハネ」13：34　あなたがたに新しい戒めを与えます。あなたがたは互いに愛し合いなさい。**わたしがあなたがたを愛した（アガパオ）ように、そのように、**あなたがたも**互いに愛し合い（フィレオー）しなさい**（同意節、「ヨハネ」15：12・17）。

「ローマ」13：9「姦淫してはならない」「殺してはならない」「盗んではならない」「偽証してはならない」「貪ってはならない」、またほかに戒めがあるとしても、すべてこの言葉、すなわち「**自分のように隣人を愛さなければならない**」に集約されるからである。

「ガラテ」5：14　なぜなら、すべての律法は、この一言で成就するからです。「あなたは**隣人をあなた自身のように愛さなければならない**」

「ヤコブ」2：8　もし、ほんとうにあなたがたが、聖書による王法「**あなたの隣人をあなた自身のように愛さなければならない**」を本当に果たしているならば、あなたがたの行いはりっぱです。

しかし、**神様の性質は永遠に変わらない**ので、今でも旧約時代の神様の側面を無視することはできません。それらは、「霊」「愛」「聖」「義」「ねたみ」「裁き」「忠実」「真実」「公正」「公平」「永遠」「不変」「偏り見ない」「怒るに遅く」「恵み豊か」「嘘をつかない」

「焼き尽くす火」などですが、これらすべてを包含していることを知っていなければなりません。

日本人クリスチャンは「神は愛である」との一面だけを聞かされていて、**愛＝甘えが赦される**と早合点しているので、契約の義務を果たす責任をおろそかにしています。

神様は公正・公平で、忠実に義を全うされる方だから、契約においてもその義務が果たされたかどうかについて、だれに対しても偏り見ず、その人の死後に霊において「羊か山羊か」の裁きを下されることを、肝に銘じていなければなりません。

神様が古今の人類に対して求めているのは、「**血の契約**」であって、この契約は一旦交わされると、本当の肉親以上に親密な関係になる（互いに**相手の血が自分の身体に流れる**）ので、「自分＋主イエス」という新しい人格となるから、相手（主イエス）の要望は当然に自分自身の要望でもあることになります。それは相手（主イエス）への義務がすなわち自分の望みを叶えることになるのだから、キリスト教においては、契約の義務とは、「いやいやながらするものではない」のです。

このようにイエス・キリストが流された血によって、全人類は〔アダムの原罪〕を永遠に贖われ、「原罪のない者（**第1の義**）」となっているので、現代の我々は、そこからイエス・キリストを救い主と信じることで、「血の契約（**第2の義**・神の義）」が成立するのです。

そして自分の身体に混じって流れる、主イエスの血によって生まれた「**新しい人格**」が「主イエスの分身（**第3の義**）」なので、神の子として当然に「イエスの名」を使って、霊の賜物を実現させる行動に出るのです。

これが新約聖書における、**人の霊的立場の変化**であり、キリスト教の「単純な真理」であり、【神の権威ある神託の**第一とすべき原理**・原則：the first principles of the oracles of God：新欽定訳聖書】）。です。この「血の契約」によらない解釈、すなわち旧約聖書時代のままの人の霊的立場［罪の意識］によって、聖化とか栄化、義認などの難しい神学用語を使うことは、かえって理解できない状況を作り出してしまい、御言葉と辻褄の合わない教理解釈によって、救いを保てない人を生み出してしまうことになります。

日本人の文化特性（仏教的バイアス）によって、「生きる者の霊性」概念が乏しいので、律法主義的「潔癖性」が、「血」を扱うことへの生理的な嫌悪感となり、それが思考の上で、「血の契約」を意識的に無視する論理となっています。

それゆえに、**「救いの理論」を「確信すべき根拠」として構築できないので**、キリスト教は悔い改めばかりを要求して、かえって「罪の意識」を増長させる「旧約聖書時代」に後戻りしてしまっています。

旧約・新約の両聖書を通じて、預言されている「終末期」が近づいた今は、「神様を100％信頼していない聖書解釈」、「救いの根拠を論理的に説明・主張出来ない神学」を早急に改めなくてはならない緊急事態なのです。

栄光在主。

あとがき

今の時代は間違いなく、「黙示録6章」以降に記述されている、患難期の様々な予兆が、まさに身の回りに現実になりつつあると感じられます。
人間社会の強欲さが招いた異常気象と、かつてなかった自然災害の大きさ、穀物を取り巻く激変、貧富の格差拡大、止まない地域紛争の流血など、悪いニュースばかりです。

ということは、イエス・キリストの空中再臨もいよいよ近づいてきたことに間違いなく、その時には、全世界のクリスチャンと呼ばれる人々が、一人も洩れることなく引き上げられるよう、また、確実に私自身も引き上げられるために、神様に対する信仰と救いの知識を、もう一度「終末期の救いの真理」として調べ直し、各々一人ひとりが正しい知識によって、信仰を揺るぎないものとすることが、非常に重要になっています。

神様と主イエス・キリスト、そして御言葉に対する正しい知識と理解によって、「心から神様に従い、契約の義務を果たす行動を取る者」となっていなくてはならないのです。そのためには聖書の一言一句を、「**矛盾なく論理の筋が通ったもの**」として解読し、その通りに心から納得しなければなりません。

そのために、改めてキリスト教の真髄（契約の祝福と義務）を学び直し、そして現在の日本のキリスト教界が抱えている問題点を、少しでも解決に導いていけるようになり、予想を超える大勢の人々のリバイバル（理性による納得を基盤とした信仰）が起こるよう、主イエス・キリストの働き人になりたいと願うものです。

今回、霊の導きを得て、キリスト・イエスが教え、与えてくださる解釈を、真理への「解説書」として起草しました。真の著者は「救い主」**キリスト・イエス**です。私は「霊による解釈を記述せよ」との召命を受けた、一人の働き人にすぎません。

ですからここで、「なすべきことをしただけです」と、すべての結果を主イエスに委ねて、天の父なる神様に栄光を返し、礼拝するものです。

当著の出版に当たり、出版社の皆様には、多くの労を割いていただき、有り難うございいました。

また、私の心身の健康を支えてくれた妻に、感謝するものです。

古山《こやま》 パウロ 誉主吾《よしゅあ》

栄光在主。

既刊書籍リスト

左記リストは、筆者の既刊聖書解説書9巻です。本書で主張しているキリスト教の霊的論理性を更に細かく聖書から分析・解説しています。又、勘違いされている多くの教理解釈を矯正し、霊性成長を助けるものです。これらは、「セオロジークライスト会」ホームページで告知・頒布していますので、オンライン画面でご確認・ご注文ください。価格は、（本体＋税＋送料）です。

http://www.theology-christ.com

パウロの『目からウロコ』シリーズ　出版巻リスト

第1巻　「右頬を打たれたら、左頬も向けよ。」とは？
ISBN 978-4-909051-00-4
第1篇「右頬を打つ者には、左の頬も向けよ。」　第2篇「たといそうでなくても。」
第3篇「試練と誘惑は同じ言葉。」　第4篇「主よ、主よ、と言うものの正体。」

第5篇「「罪人のかしら」と告白するパウロ。」 頒布価格1280円

第2巻　キリスト教は人生のビジネス契約。
ISBN 978-4-909051-01-1
第6篇「新約聖書は契約です。」 第7篇「旧約聖書の有効性。」 頒布価格1530円

第3巻　あなたこそ現代のヨブである。
ISBN 978-4-909051-02-8
第8篇「ヨブ記で学ぶ「信仰」と「みなしの義」。」 第9篇「神の統治はあるのか？」
第10篇「神が人に病気をもたらすのか？」 第11篇「懲らしめの本質」 頒布価格1430円

第4巻　「義」と「神の義」の違い。
ISBN 978-4-909051-03-5
第12篇「「義」と「神の義」の違い。」 第13篇「「聖餐式」の目的。」 頒布価格1480円

第5巻　アダムの原罪とは何か。
ISBN 978-4-909051-04-2
第14篇「アダムの原罪とは何か。」 第15篇「神の創造した人アダムとエバ。」 第16篇「サタンの囁き、神のようになる。」 第17篇「善悪の知識の木といのちの木。」
第18篇「カインは何故、殺人者として裁かれなかったのか。」 頒布価格1380円

第6巻　創世記の正しい霊的理解。
第19篇「天地創造とは。」　第20篇「一日と訳されたヨーム。」　第21篇「夕方から一日が始まるナンセンス」。　第22篇「割礼の意味。」
ISBN 978-4-909051-05-9
頒布価格1280円

第7巻　「洗礼」＝水のバプテスマの意味。
第23篇「洗礼＝水のバプテスマの意味。」　第24篇「「洗礼名」の必要性。」　第25篇「クリスチャンの罪と神様の赦し。」　第26篇「主イエスが指摘する罪とは。」
ISBN 978-4-909051-06-6
頒布価格1330円

第8巻　十字架上のイエスの言葉。
第27篇「十字架上のイエスの言葉。」　第28篇「イエス・キリストの贖罪の為の無原罪性。」　第29篇「イエスの母マリアのこと。」　第30篇「最後の晩餐」と「過越しの食事」の関係。
ISBN 978-4-909051-07-3
頒布価格1280円

第9巻　パウロが言う「肉体のとげ」。
第31篇「肉体のとげの意味。」　第32篇「パウロの驚愕『何だって?・』」　第33篇「神の三一性と第3位格の聖霊。」　第34篇「日本語聖書の翻訳間違い。」
ISBN 978-4-909051-08-0
頒布価格1280円

〈著者紹介〉

セオロジークライスト会　古山 パウロ 誉主吾（こやま ぱうろ よしゅあ）

1945年生まれ。高校時代に受洗。多摩美術大学PD科を卒業し、本田技術研究所に入社。

米国駐在の際に霊的教理解釈を学び、信仰の本質が「神との霊的緊密さ」であると啓示を受ける。

定年退職後、JTJ宣教神学校牧師志願科を卒業。著書「パウロの目からウロコ」シリーズ9巻をセオロジークライスト会から出版し、現在に至る。

「天《てん》に携挙《けいきょ》されるクリスチャン」になるには
～イエス・キリストが空中再臨《くうちゅうさいりん》する時《とき》に備《そな》えて～

2023年2月27日　第1刷発行

著　者　　古山 パウロ 誉主吾
発行人　　久保田貴幸

発行元　　株式会社 幻冬舎メディアコンサルティング
〒151-0051　東京都渋谷区千駄ヶ谷4-9-7
電話　03-5411-6440（編集）

発売元　　株式会社 幻冬舎
〒151-0051　東京都渋谷区千駄ヶ谷4-9-7
電話　03-5411-6222（営業）

印刷・製本　中央精版印刷株式会社
装　丁　　鳥屋菜々子

検印廃止

ISBN 978-4-344-94337-7 C0016
幻冬舎メディアコンサルティングＨＰ
https://www.gentosha-mc.com/